Joachim Perinet

Das lustige Beilager als Singspiel in zwei Aufzügen

Joachim Perinet

Das lustige Beilager als Singspiel in zwei Aufzügen

ISBN/EAN: 9783743642577

Hergestellt in Europa, USA, Kanada, Australien, Japan

Cover: Foto ©ninafisch / pixelio.de

Manufactured and distributed by brebook publishing software (www.brebook.com)

Joachim Perinet

Das lustige Beilager als Singspiel in zwei Aufzügen

Das lustige Beylager

als Singspiel

in zwey Aufzügen

nach

Hafners Hausregenten

von

Joachim Perinet.

Die Musik ist vom

Wenzel Müller,

Kapellmeister.

Aufgeführt zum erstenmal im Fasching den 14. Hornung in dem k. k. privil. Marinellischen Theater zum Vortheile des Herrn La Roche

1797.

Wien,
bey Matthias Andreas Schmidt
k. k. Hofbuchdrucker.

Personen.

Graf von Hollerbluh.

Gräfinn Fanille, dessen Braut.

Herr von Basternat, Regent.

Herr von Haspel.

Lisette
Lenchen } Kammerjungfern.

Mehlschöberl, ein Koch.

Hexameter, ein Poet.

Ein Friseur.

Ein Schneider.

Ein Fiacker.

Kaspar, Bedienter des Regenten.

Domestiquen.

Vorbericht.

Die Achtung, die ich dem schätzbaren Publikum schuldig bin, macht es mir zur Pflicht, mich über eine Unwahrheit zu rechtfertigen, die im 10ten Bande des allgemeinen Europäischen Journals über dieses Singspiel ausgebreitet wurde. Sie lautet also:

„Prag den 17ten September"
„Der beschäftigte Hausregent, oder: die
„närrische Hochzeit, ein komisches Singspiel
„von Perinet."

Nachdem sich der Herr Kritiker über Wahl und Ausarbeitung dieses Stückes lustig gemacht, endet er folgendermaßen:

„Wenn ja anders Herr Perinet, wie es
„auf dem Anschlagzettel stand, der rüstige Um-
„arbeiter dieser Posse ist, so mag er mit dem
„Unbekannten, unharmonischen Musikkompo-
„siteur

„fiteur einst im Schattenreiche noch diese Sün-
„de schwer verantworten, daß er des guten
„Hafners Dichterasche (welcher einst Wien
„nicht wenig belustigte) erst nach 50 Jahren
„wieder aus der Ruhe störte, um jenes Hafne-
„rische, sonst beliebte Stück, nach seiner Art
„umzumodeln, und damit der Göttinn Lange-
„weile ein Opfer zu bringen. Auch gefiel das
„Stück, Musik, und Vorstellung so wenig,
„daß das Publikum einstimmig ein Verdam-
„mungsurtheil darüber fällte."

Wäre die Bearbeitung dieses Productes mein, so würd ich so wie sonst, auch dießmal geschwiegen haben, weil ich Federkriege fliehe: aber da ich ganz und gar keinen Antheil an dieser Prager-Oper habe, und als sie aufgeführet wurde, noch keine Zeile von der meinigen geschrieben hatte, so seh ich mich nothgedrungen, mich hier öffentlich für die Ehre zu bedanken, daß man sich meines ehrlichen Namens bey einem Bastard bediente. Gern vergeb ich denen Herausgebern des Brünner-Journales, die falsche Nachricht ihrer Correspondenten, aber meiner Ehre könnte ich es nicht vergeben, wenn ich meinen Namen zum Aushang-
schilde

schilde eines Findlings herliehe, an dessen Existenz ich unschuldig bin.

Gegenwärtige Oper ist die meinige, wozu mein Freund, Herr Müller die Musik setzte, und ich will wünschen, daß wir nicht auch der Disharmonie wegen im Schattenreiche dafür büssen werden. Das gütige Publikum hat unsere Versuche der Hafnerischen Bearbeitungen zu nachsichtsvoll, aller Orten, aufgenommen, als daß wir an einer gleichen Aufnahme dieses bourlesken Singspieles zweifeln sollten. Der billige Recensent wird es für das nehmen, was es ist. Es ist schon vom Hafner aus, zur Erschütterung des Zwergfelles geschrieben, und ich habe alles gethan, es nicht zum Trauerspiele zu machen. Da es schon so glücklich war, einen rüstigen **Vorarbeiter** zu haben, der sich meinen Namen ausborgte, so genießt es vielleicht bald die Ehre, so wie seine Vorgänger, rüstige **Nacharbeiter** zu erhalten, die aus unserer neugegärbten Haut Riemen schneiden.

Ich habe das Zutrauen zu der bekannten Billigkeit und Gerechtigkeitsliebe der Verfasser des allgemeinen Europäischen Journales, daß Sie diese Nachricht eben so bereitwillig widerrufen

rufen werden, als Sie selbe eingeschaltet haben. Jeder, der ausspielt, muß erwarten, daß er gestochen wird, aber die Herren Unternehmer der Monatsschrift werden mir selbst eingestehen müssen, daß es traurig ist, wenn uns das beßte Herzblatt durch einen Buben abgestochen wird, und ein falscher Spieler unseren Nahmen brandmarkt.

Hier öffentlich gelobe ich, mich immer durch billige Recensionen belehren zu lassen, und auf Bitterkeiten zu schweigen. Ich gebe meine Bearbeitung in die Hände des nachsichtsvollen Publikums. Dem belehrenden Recensenten zu folgen und das Publikum zu befriedigen, ist Pflicht, Wunsch und Bestreben

Ihres

ergebensten

Joachim Perinet
Dichter und Mitglied des k. k. privil.
Marinellischen Theaters.

Erster Aufzug.

Erster Auftritt.

(Zimmer mit Mittel- und Seitenthüren.)

Der Regent. Um ihn sind Kammerdiener, Lakayen, Läufer, Jäger, Portier und Pagen versammelt.

Introduction.

Gestrenger Herr Regent vom Haus,
Theil uns nun das Kommando aus.
Gar keine Arbeit fällt uns schwer,
Herr Hausregent und g'strenger Herr.
Regent.
Ihr wißt die glänzende Parthie
Von unserm Grafen Hollerblüh?
Alle.
Wir wissen sie.
Regent.
Fanille heißt die Gräfinn Braut,
Mit der er morgen wird getraut.
Alle.
Fanille heißt die Gräfinn Braut?
Regent.
Da braucht er nun viel Domestiken,
Zum rennen und laufen und schicken.
Da müßt ihr euch alle befleissen
Gehorsame Diener zu heissen.
Alle.

Alle.

Das wollen wir
Stets alle hier!

Regent.

Nun Kinder ihr alle,
Versammelt im Sahle,
Euch Morgen um neun,
Ganz neu equipiret,
Geputzt und frisiret,
Muß jeder auch seyn.
Haarbeutel und Zöpfe,
Gepuderte Köpfe,
Weißseidene Strümpfe, dann silberne
    Schnallen,
Und saubere Wäsche, versteht sich vor allen;
Gekämmt und gewaschen, damit euch die
    Braut,
Nicht etwa für schmutzige Lumpen aufschaut.

Alle.

Graf Hollerblüh wird mit Fanille getraut,
Es lebe der Bräutigam hoch mit der Braut!

Regent.

Geht Kinder, geht Kinder, und schreyts nicht
    so laut!

(Alle bis auf den Regenten ab).

Reg. Das wär vorüber! Es sind freylich viel unnütze Brotfresser, aber, was will man machen? He Kaspar!

Kasp.

Kasp. (inwendig gähnend) Was ist's G'schrey? Was giebts?

Reg. Ich glaube gar, du liegst noch im Bett?

Kasp. Versteht sich. Es ist ja noch nicht 8 Uhr: und wann ich ein bissel früher aufsteh, so bin ich schwierig, wie eine tragende Katz. (Er kommt mit halbangezogenem Kleide.)

Reg. Ich glaube gar, du schläfst noch?

Kasp. Ey ja wohl, ich steh' nur in Qualen.

Reg. Sieh, ob niemand draussen ist.

Kasp. Das glaub ich. Vor einer Stund' haben's schon anpumpert, aber ich hab nichts dergleichen gethan. Ein junger Mensch, der noch im Wachsen ist, muß sich ausschlafen. Derweil man schläft, thut man nichts anders. (lacht) Es klopft schon wieder wer.

Reg. Geh, oder —

Kasp. Ich kann gar nicht begreifen, wie die Leut so früh ausgehn mögen. — Wer mir nicht wenigstens ein paar Zwölferln giebt, den meld' ich g'wiß nicht. (ab)

Zweyter Auftritt.

Reg. Ein Diener macht mir schon so viel Verdruß, die andern fressen noch mich und meinen Grafen auf.

Kasp. (kommt lachend) Ihr Gnaden! — Es ist einer drauß, der sagt, sein Vetter hätt' ihn

ihn an ihnen kommandirt als eine geheime Sekatur.

Reg. Als Sekretair. — Das wird der Herr von Haspel seyn. Laß ihn herein.

Kasp. Ja, ja: er sieht einem Haspel gleich, aber keinen Zwirn hat er (deutet auf Geld — ab)

Reg. Wenn er nicht gar blitzdumm ist, so ist er doch noch immer in unsere Hauskanzley gut genug.

Dritter Auftritt.
Vorige, Haspel tritt ein.

Aria.
Haspel.

Serviteur! Serviteur!
Ich bin der Sekretair,
Mein Mutter heißt die Eva Raspel —
Und ich, ich bin der junge Haspel! —
Kein Esel bin ich doch ach Ne!
Ich kann das a - b - c — He! he!

2.
Serviteur! Serviteur!
Der Vetter schickt mich her.
Ich bin ein recht geschicktes Mandel —
Ich kam erst aus dem Oberlandel —
Ein Mensch bin i, per se per se!
Nicht wahr, das wissen's eh? He! he!

Reg.

Reg. Was für eine bestialische Figur! Was reden Sie für Sprachen?

Hasp. Ich red deutsch. Französisch kann ich nicht, aber lateinisch hätt' ich lernen sollen, und wälisch und italiänisch hätt' ich lernen können.

Reg. Haben Sie studiert?

Hasp. Bis auf die kleinen Schulen.

Reg. Können Sie doch was aufsetzen?

Hasp. Ja; da schaun's her! (setzt den Hut auf)

Reg. Ich meyne, ein Concept?

Hasp. Glaubens, ich bin ein Zuckerbäcker, daß ich ein Konfekt aufsetzen soll?

Reg. Das ist ein Dummkopf! — Können Sie wenigstens lesen?

Hasp. Ja ja Bey meinem Vettern hab ich im Weingarten die schönsten schmeckenden Weinbeer herabgelesen.

Reg. Ich meyne Schrift, oder Gedrucktes lesen?

Hasp. Was zerdruckt ist, kann ich nicht lesen, aber die g'schriebne Schrift kann ich lesen hören.

Reg. Nun, so lesen Sie mir diesen Brief vor. (Er buchstabirt mit Herzensangst) Nun, will nichts kommen?

Hasp. Wird gleich was kommen. (liest) „Hoch=Esel=Gefrorner!" (lacht) Ist der Brief an Ihnen?

Reg. „Hochedelgeborner!"

Hasp.

Hasp. Ich hab mich nur geirrt, weil ich alleweil auf Sie geschaut hab. — „Im Sommer hochgeehrtister Herr!"

Reg. Warum nicht gar im Winter? „Insonders Hochgeehrtester Herr."

Hasp. „Ich hätte längst gewischt, an sie zu speyen."

Reg. „Ich hätte längst gewünscht, an sie zu schreiben."

Hasp. „Weil ich aber im Sechswochenbett lächerlich war."

Reg. Was Teufel liest der Herr? Mein Vetter in sechs Wochen? (lacht) „weil ich aber „6 Wochen bettlägerig war, heißts ja.

Hasp. „So bin ich vermindert worden."

Reg „So bin ich verhindert worden."

Hasp. „Ich mag keinen Zwiefel essen."

Reg. „Ich trag keinen Zweifel indessen."

Hasp. „Sie werden voll Wanzen, Läus, „Fisch und Hund seyn?"

Reg. Nein, das ist zu toll! Es heißt ja: „Sie werden vom ganzen Leib' frisch und gesund „seyn." Aber, wie kann denn ein vernünftiger Mensch so lesen?

Hasp. Ich bin ein vernünftiger Mensch, und hab' doch so g'lesen. (liest) „Ich wünschte „Ihnen noch meine Freundschaft beym Lebzelten „und im Bierhaus zu bezeigen."

Reg. „Bey Lebzeiten, und bey mir im „Haus." Ist denn der Herr gar so dumm?

Hasp.

Hasp. (lesend) Sie haben recht. — „Ein „reitender Todter hat den Trost gebracht."

Reg. Ha ha! — Wie kann denn ein Todter reiten? Und Post heißt es, nicht Trost.

Hasp. „Hat den Most gebracht, das auf „seinem Hut ein Feuer in der Saulederey ent= „standen."

Reg. Nein! Wenn man ihr Lesen ei= nem Hund eingiebt, so krepirt er. — „Auf seinem Gut in der Saliterey" steht ja klar da.

Hasp. „Wodurch bis drey Nulla Häuser „abgebrennt sind."

Reg. „30 Häuser."

Hasp. „Auch hat eine Stoffade nebst meh= „reren Pedetschen die Nachricht gebracht."

Reg. „Staffette und Depechen" doch das. ist nicht deutsch.

Hasp. „Daß der gewefte Rockolor —"

Reg. „Controlor" warum nicht gar Schlafrock.

Hasp. „Daß der geweste Schlafrock die „Amtsgelder angepfiffen habe, und deßwegen raf= „sirt worden.

Reg. (lacht) „Rassirt" heißt es Monsieur Dummkopf! —

Hasp. (lesend) „Cassirt heißt es Monsieur „Dummkopf. — Meine Schwester wohnt zu Freß= „burg auf dem Zuckerkandel. — Ihr ewiger „Feind, beiß in die Krot — Eins, sieben, neun „und sieben."

Reg.

Reg. (reißt ihm den Brief weg) Jetzt hat der Herr Zeit! Sie sind ein criminalischer Esel.

Hasp. Was? — Es ist schon gut! — Das ist mir just recht. Wenn auch Sie kein Esel brauchen, so giebt es doch Leut, die expressi. keinen G'scheidten, sondern einen Esel haben wollen. Ich befehl mich auf Ihnen. (will ab)

Reg. Ich will meinem Grafen einen Spaß machen. (zu sich) Verweilen Sie, ich will mit dem Grafen sprechen. Warten Sie indessen im Vorzimmer.

Hasp. (stolz) Das ist ihr Glück, daß Sie andere Saiten aufziehen. Wenn man gleich einen jeden Haspel abdanken wollt', wohin wurd die Welt noch kommen? (schnell) Nicht wahr, sie waren selbst froh, daß Sie einen Dienst kriegt haben? Länger als eine Viertelstund kann ich nicht warten, denn ich muß dem Käsftecher seine Bibliotheck einrichten. G'horsamer, G'horsamer! — Setzens auf — Bleibens da! (drängt ihn zurück) Das Kleid gieb ich mir schon selber. Mein Handkuß an d' Frau Liebste und d' kleine Familie. Ich wünsch alles Erdenkliche, was Sie sich selbst wünschen mögen, daß 's Fleischessen gut anschlägt. Das Bindband werd' ich drauß ablegen. (ab)

Vier-

Vierter Auftritt.

Reg. Das ist der größte Narr, den ich Zeit meines Lebens gesehen habe.

Kaspar. (kommt) Ihr Gnaden, der Graf von Hollerthee —

Reg. Ist er schon oben?

Kaspar. Nein, der Wagen ist noch nicht im ersten Stock.

Fünfter Auftritt.

Vorige. Graf Hollerblüh. Kaspar öfnet ihm die Thüre.

Graf. Guten Morgen mein lieber Regent. Wie gehts?

Reg. So ziemlich. Die Leute überlaufen mich. Ich habe bereits ein halbes Bataillon engagirt.

Graf. Mag es hingehen, aber ich brauche sie nur zur Parade. Die Stadt ist meine Sache nicht. Nach den Flitterwochen kehr ich wieder auf mein geliebtes Gut, ziehe Blumen und Kinder groß, erspare mein Frau und mein Geld, dem Doktor den Gang, und das Neujahr dem Apotheker.

Reg. Aber die Gräfinn?

Graf. Mann und Weib ist ein Leib. Wir sind einig. Sie mein lieber Regent, regieren mein Haus,

Haus, und ich meine Frau. Laſſen Sie ſich in
ihren Geſchäften nicht hindern, und ich muſtere
indeſſen meine Dienerſchaft.

Reg. Meine Wünſche — — —

Graf. Ich weiß, was Sie ſagen wollen.
Sie ſind ein ehrlicher Deutſcher, und haben mei=
nem Vater und mir redlich gedient. Ein Freund
kann mir nichts Böſes wünſchen. Sie ſchätzen
in mir den Grafen, ich in ihnen den Menſchen.
Ehrlichkeit iſt ein ſchönes Diplom.

Reg. Und währt am längſten.

Aria.

Ehrlichkeit, ein rein Gewiſſen,
  Sind des Herzens beſter Schild.
Ihre weichen Polſterkiſſen,
  Sind mit Ruh und Troſt gefüllt.
Ehrlichkeit bedarf ſo wenig
  Selbſt in Hütten iſt ſie froh.
Beſſer ſchläft man als ein König,
  Und zu Pflaumen wird das Stroh. (ab)

Graf. (allein) Ein braver Mann! — (zu
Kaſpar) Nun, gehſt du nicht mit deinem Herrn?

Kaſp. Ich darf Euer Gnaden nicht allein
laſſen.

Graf. Warum nicht?

Kaſp. Es iſt mir ſchon einmal eine gol=
dene Uhr geſtohlen worden, hernach hätt' ich
zahlen ſollen.

Graf. Verfluchter Kerl! —

Kaſp.

Kasp. Man soll halt ein Zimmer nie allein lassen.

Graf. Du bist ein ehrlicher Kerl, aber zuweilen ein gewaltiger Esel. (lachend)

Kasp. Das seynd just die besten Leut, und unser eins muß Geduld haben wie ein Esel, und Ihr Gnaden, zu sagen beliebten. Es kommen ja viel Million Menschen, und alle in ihr Gnaden Dienst, aber meistens lauter Narren; und da können ihr Gnaden denken, wie mein Herr geplagt seyn muß. Er ist lauter g'scheide Leut g'wohnt, wie ich bin.

Graf. Das ist wahr. — Sieh, wer draussen ist, und, da ich deinen Herrn nicht stören will, so lasse sie nur zu mir herein. Ich will mich für den Regenten ausgeben.

Kasp. Gleich — (ab)

Graf. Ich will einmal die Mode mitmachen, infognito zu seyn.

Kasp. (kommt wieder) Ihr Gnaden, der Koch ist draussen, der die Nachbarschaft gekocht hat.

Graf. Der Koch aus der Nachbarschaft? — Laß ihn kommen.

Kasp. Soll er selber hereingehen?

Graf. Nein Narr, auf dem Rücken wirst ihn herein tragen.

Kasp. Kann ja leicht seyn. (ab)

Graf. (lacht) Ein Koch? — Auch recht. Aber nun hab ich vergessen, was für einer? — Ein wälscher, der kocht mir zu wenig: ein spa-

nischer

nischer zu faschirt, und die französischen versalzen die Suppen. — Ein deutscher Koch ist der beßte, er macht Kraftsuppen. —

Sechster Auftritt.

K a s p e r bringt den Koch auf dem Rücken.

K o ch. Laß er mich herab, was soll denn die Kinderey seyn? (er wirft ihn herab) Ihr Gnaden verzeihen, ich bin der Stadtkoch Mehlschöberl. Ich hab mich nur gehorsamst anfragen wollen, ob mir nicht erlaubt wäre, das gräfliche Beylager zu kochen? Ich bin da gleich gegenüber. Bey der eifersüchtigen Pastete heißt der Schild.

G r a f. (lachend) Der Name ist nicht viel versprechend. Kann der Herr auch nach ausländischer Art kochen?

K o ch. Versteht sich. — Ich bin im Stand alle Nationen in eine Speiß zu kochen. — Wann ich wüßt, wieviel tausend Menschen an der Tafel sitzen, so wollt ich gleich ein Speißzetterl machen.

G r a f. Bey zwanzig Personen nur. (lacht)

K a s p. Ich sitz aber nicht dabey.

K o ch. Itzt möcht ich wissen, ob der Tafeldecker ein Hufeisen oder ein Vögeleisen macht? Auf 20 Personen müssen wenigstens 800 Speisen seyn.

K a s p. O jerum! da giebts ein B'scheid essen!

G r a f.

Graf. Ist der Herr rasend?

Koch. Das verstehen Ihr Gnaden nicht, das muß ich beßer wissen, das ist mein Pflug: All meine Aeltern, Groß-Ur-Ur-Guckältern waren Köche, selbst mein Vater ist eine Köchinn g'wesen, (in Hitze) und mein Stammhalter hat eine Buttertaig-Pasteten über den Ochsen gemacht, der beym Kaiser Nero ist gebraten worden.

Graf. Er ist ein Narr!

Kasp. Entweder war der Ochs klein, oder die Pastete in meiner Größ.

Koch. Ich bin im Stand, und schlag' den Herrn selber in eine Pasteten: (zu Kaspar, der wegspringt) Kosten muß man die Speisen, hernach raisoniren. Ich hab schon viel auf die Tafel gesetzt, die vornehmsten Deserteurs sogar.

Graf. (der das Lachen verhält) Gut, gut. Mach er nur einen kleinen Entwurf.

Koch. Gleich ihr Gnaden! — Da wär also die Tafel: (indem er die Schlafhaube hinwirft) Da die Gäste — Jetzt koch' ich; geben Sie Acht.

Aria.

Primo müssen Suppen kommen
 Notabene dreyerley:
Kelch wird zu der Braunen g'nommen
 Und Lebzelten nebenbey: —
Man druckts durch ein braunes Tüchel
So bekommts ein gutes Grüchel.

B 2   Welter

*) Köbl. „Eine Anmerkung ein für allemal in Betref aller Provinzialismen.

Weiter unten muß dann stehn,
Eine Suppe à chien.
Das muß Reiß mit Asan seyn.
Und da kommen Scheer-Rub'n drein.
Mitten? — Ja, just à propos
Mitten steht die Oglio.
Da wird gleich von Klein' und Großen
Alles in dem Haus zerstoßen.
Will man sie noch schwärzer saufen,
Laßt man s' Dintenfaß drein laufen.
Gegenüber müssen stehn
Plunzen und ein Zwiefelkreen.
Bachne Hendeln, Ananas,
Und rundum ein Salverkas.
Auch sind bey der Tracht vonnöthen
Zwey abscheuliche Pasteten.
Wann man just nichts anders hat
Schlagt man drein ein Speckfallat.

Kasp. Ah! Den trag ich hinaus. (Er nimmt den Koch, und dann im Feuer seinen Grafen.)
Graf. Verdammter Flegel!
Kasp. Ihr Gnaden verzeihen, jetzt bin ich schon in meiner Galle. Der könnt einem den Appetit verleiden. (Man hört klopfen) Es klopft schon wieder wer. Vielleicht ist das die Köchinn?
(ab)
Graf. Wie bedaur' ich den armen Regenten!
Kasp. O jerum ihr Gnaden. Zwey Mädeln seyn draußen, wann's ihr Gnaden als Kammer-

merkatzen brauchen. G'sichteln, als wann sie lakirt wären. — Soll ich etwa ihr Gnaden für die Fräulein ausgeben?

Graf. Narr! — Führe sie zur Gräfinn.

Kasp. Anschaun könnens ja ihr Gnaden. Es kostet ja nichts.

Graf. Je nun meinetwegen.

Kasp. (umkehrend) Eine nach der andern?

Graf. Alle zwey.

Kasp. Was hab aber ich für eine Ansprach?

Graf. Geh, sag' ich.

Kasp. (brummend) Die reichen Herren haben nie genug. Er ist eh ein Bräutigam, und doch so ein Nimmersatt. (ab)

Graf. Wenn meine Braut das wüßte! — Warum? — Ein Bräutigam ist sicherer als ein Ehemann. Der Bräutigam hoft, und der Ehemann giebt seine Hofnung auf.

Siebenter Auftritt.

Lenchen. Lisette. Kaspar. Gräf.

Duett.

Zwey Kammerjungfern nahen sich,
   Dir, gütiger Regent;
Wo jede, glaub es sicherlich!
   Die Welt ein wenig kennt.
Wir kennen jeden Modeschwung,
   Von nah und auch von fern:

Wir dienten schon bey Alt und Jung,
  Bey Frauen und bey Herrn,
    Und überall recht gern.
Lench. Ich kann sticken!
Lis. Flicken, stricken,
Lench. Roth und weissen Anstrich machen,
Lis. Haare färben, andre Sachen,
Lench. Nichts auf eine Grobheit sagen,
Lis. Und ich kann auch Briefeln tragen;
Beyde. Jeder wird in Gold uns fassen
    Wer uns nur ein wenig kennt.
      Wir sind beyde zu verlassen,
        Nimm uns gütigster Regent!

Graf. Willkommen meine lieben Kinder! Ich brauche aber nur eine.
Kasp. Die andere nehm' ich.
Graf. Habt ihr schon gedient?
Lis. Ich 14 Tage bey dem Fräulein Blondin.
Lench. Und ich 3 Wochen bey dem Fräulein Brunett.
Graf. (zu Liset.) Wie alt ist sie?
Lis. 20 Jahr und im letzten Monat.
Lench. Und ich 19 Jahr, 6 Wochen und 3 Tag.
Kasp. Wenn sie alle zwey bekennen, daß sie 20 Jahr alt sind, so hängt gewiß ein halbes Dutzend noch dran.
Graf. (indem er mit Lenchen schäckert) Ich werde mit dem Grafen sprechen. Indessen aber,
                                           wenn

wenn ich eine Kammerjungfer brauchte, so —
(kneipt sie in die Wange)

Kasp. O jegerl! das sag ich der Braut! —

Lis. (zu sich) Schau, wie der Regent so
artig ist.

Graf. (zu Lisette) Sie kann sich wieder
anfragen.

Lis. (schnippisch) Wenn Sie erlauben.
Adje Jungfer Naseweis, sie hat sich von jeher
mit den Hausoffizieren abgegeben, so bleib sie
auch dabey. (zu Kaspar, der ihr nach seiner Art
schmeichelt) Geh er, mit Lakeyen beschmutz' ich
mich nicht. (ab)

Kasp. Jetzt geh sie, sie Person sie! —
(Graf lacht)

Lench. Lassen Sie sie gehen. Es ist nicht
viel an ihr verloren. Sie ist ohnehin wegen
Verdrüßlichkeiten aus allen Diensten gekommen.
Zudem hat sie auch nur ein loses Maul, hat
nichts gesehen und probirt, und ist nie über die
Linie gekommen. (schnell) Ich will mich eben
nicht groß machen, aber ich war schon in Frank=
reich und Italien, in Krakau und in Pohlen,
und hab in Steyermark bey einer Marchande
de mode über 18 Jahr gearbeitet.

Kasp. He Jungferl, still! — Da hätt'
die Jungfer ja schon 's Dienen mit ein Jahr
ang'fangt?

Graf. Ich sehe, sie weiß sich geltend zu
machen. Gehe sie also indessen in das Vorzim=
mer

mer, bis die Gräfinn kommt. Da, nimm fie indeſſen dieſe Kleinigkeit. (giebt ihr etwas)

Kaſp. (zu ſich) Jetzt iſt der Dienſt ſchon richtig. Das Drangeld hats ſchon!

Lench. Ich danke ganz ergebenſt. Der Herr Graf wird gewiß mit mir zufrieden ſeyn.

Kaſp. (zu ſich) Er iſt's ſo ſchon! (zu Lench.) Alſo von 19 Jahren wird nichts herabg'handelt?

Lench. Nicht eine Minute.

Aria.

Ich bin erſt neunzehn Sommer alt,
  Das kann mein Taufſchein weiſen.
Ich war, und das iſt nicht geprahlt,
  Auch, wie geſagt auf Reiſen.
In Frankreich und Italien,
In China und in Perſien,
In England und Kalabrien,
In Moskau und Siberien,
  Hab ich ſo mancherley geſehn,
  Wie alle Nationen gehn.
Ja neunzehn Sommer zähl' ich nur,
Bin ganz voll Leben und Natur:
Ich bin noch lang nicht majorenn
Und habe doch die Welt geſehn.
Ganz Frankreich und Italien,
Ganz Krakau, China, Perſien,
Ganz England und Kalabrien,
Selbſt Moskau und Siberien, —

Doch

Doch mach ich jetzt in Wien auch Halt,
Ich bin ja tausend Wochen alt. (ab.)

Achter Auftritt.

Graf, Kaspar.

Kasp. Die hat Reisen g'macht! Wann's nur überall ein Monath war, so muß's ein fünfzig Jahrl auf dem Buckel haben, ohne Umschaun.

Graf. Wenn ich sie nehme, so wird sie ohnehin dein Accidenz, denn auf dem Lande brauch ich keine Kammerjungfer.

Kasp. Bedank mich gar schön. — Aber bleibts dabey, daß ihr Gnaden aufs Land gehen?

Graf. Ja, ich liebe die schöne Natur.

Kasp. In der Stadt giebts Schönheiten genug.

Graf. Schweig, dein Herz ist zu roh.

Kasp. Das ihrige wird auch nicht g'sotten seyn.

Graf. In der Stadt ist alles verkünstelt.

Kasp. Gehn ihr Gnaden mit mir um, ich bin die Natur selber.

Graf. Auf dem Lande gehör ich mir selbst zu.

Kasp. Ich bin nirgends recht zu Haus.

Graf. Die Natur lacht mich an.

Kasp. Die muß ein spassig's G'sicht machen!

Graf. Der Himmel ist so heiter!

Kasp. Wann's nicht regnet.

Graf. Kurz, auf dem Lande lebt man doppelt.

Kasp. Da geh ich nicht hinaus. Jtzt bin ich 50, hernach wurd ich gar 100 Jahr alt.
Graf. Schweig! Das ist nur ein Gefühl für erhabene Seelen.
Kasp. So kann ich ja's Maul halten (ab.)
Graf. Auf dem Lande gehör ich mir allein zu, in der Stadt einem Jeden. Schöne Natur, dir huldige ich!

Aria.

Ich habe satt die große Stadt,
    Das Lärmen und Getümmel.
Viel besser lebt sich's in der That,
    Dort unter freyem Himmel.
Eh' noch aus seiner Pflaumengruft
    Der Städter sich erhebet,
Begrüß ich Gottes Morgenluft,
    In der die Lerche schwebet.
Ein guter Freund, ein gutes Buch,
    Ein Weibchen, das mich herzet;
Auf Gottes grünen Rasentuch,
    Wird so die Zeit verscherzet.
In ländlicher Einsiedeley,
    Ein Mahl in einer Laube:
Da fliegt kein Phaeton vorbey,
    Und würzt es uns mit Staube.
Nur das Theater fällt mir schwer
    Vermissen es zu sollen,
Doch kommt ein kleiner Haus=Acteur,
    Dann spiel ich Väter=Rollen. (ab.)

Neunter Auftritt.

Kasp. (steckt den Kopf heraus und schaut ihm nach) Ist er schon fort? — Larifari und lauter Giges Gages! — Wegen der Komödie wär mir 's wenigste, aber wegen dem Hachelputz. (er deutet aufs Essen) In allen 7 Welttheilen kann man besser essen. — Und kommt mir just ein Gusto in's Grüne, so rutsch' ich mit einem Leher = Hengsten hinaus, oder ich spann' meine eignen Rappen ein.

Aria.

Im Winter und Sommer ist's gut in der Stadt,
Da sauft man sich voll, und da frißt man sich satt;
Drauf mach ich auf d' Madeln ein' lustige Jagd,
Weg'n der mich kein Jager beym Waldamt verklagt.
In Prater, zu Dornbach, in Döbling, und Brühl,
Da singen die Lercherln nur oft als zu viel.

———

Im Winter ist Musik und Tanz überall,
Da führ ich mein Madel zu'n Bock auf'n Saal
Da streichen's dir Deutsche, Juhessa, Juhe!
Da zieht's ein'm die Flachsen von selber in d' Höh!
Da wird ein'm so wunderlich sauer und süß,
Der Wein steigt in Kopf, und der Tanz kommt
in d' Füß.   (ab.)

Zehnter Auftritt.

Der Regent, hernach Kasper.

Reg. Ey ey, lieber Herr Graf! Sie geben mir da eine saubere Commission. Ich soll die

Kammerjungfer in ihrem Nahmen aufnehmen? Da werd ich wohl der Fräulein Braut keinen grossen Gefallen erweisen. — Indessen, er ist Herr! — He Kaspar!

Kasp. Da bin ich schon mit mir selber.

Reg. Sind die Kammerjungfern im Vorzimmer?

Kasp. Ja, ich war just bey ihnen in der Sansamble.

Reg. Die eine soll kommen.

Kasp. Welche?

Reg. Die der Graf sich aussuchte. — Führe sie hieher, und du kannst indessen bey der andern bleiben. Ich muß allein mit ihr reden. —

Kasp. Allein? — O du arme Lenerl! — Da kommst recht dem Wolfen in die Krampeln. (ab.)

Reg. Zum Glück erwarte ich alle Minuten die Gräfinn, dann mag sie die Kammerjungfern selbst examiniren. Ich will sie indessen ein wenig rekognosziren, und ziehe mich aus der Schlinge. (ins Kabinet ab.)

Eilfter Auftritt.

Kaspar, Lenchen.

Kasp. Bis daher führ' ich d' Jungfer; weiter darf ich nicht gehen, denn dort ist des grimmigen Wolfen seine Falle.

Lench. Er ist nicht gescheidt.

Kasp. Ich bin mir nur gar zu g'scheidt. Weiß d' Jungfer, daß der Regent nicht der Regent

gent ist, daß der Regent der Graf, und der Graf der Regent ist?

Lench. (lacht) Er ist ein Narr.

Kasp. Die Jungfer ist kein übels G'sicht, he! he! he! und wann d' Jungfer justement vacant ist, und wann der Jungfer mein G'sicht anständig wär — und wann d' Jungfer nimmer länger wollt im ledigen Kammerjungfernstande bleiben, so wär ich so frey, und leget' mein Herz auf ein' Kaffeetatzen, und thäts der Jungfer präsentiren. — (er schmeichelt ihr) Besinn sich die Mamsell Jungfer, und gieb's Acht, daß ihr kein Leid g'schieht. — Ich hör ihn schon heulen. — O wie Schad ist's um das junge, süsse Blut. (ab.)

Lench. Der Kerl ist besessen. (lacht laut) O mein lieber Kaspar, eine Kammerjungfer meinesgleichen fürchtet sich nicht vor den Wölfen. Ich habe bey manchem Unthier gedient, hab mich aber von keinem beißen laßen.

Zwölfter Auftritt.

Lenchen, Graf, Regent, Haspel.

Quartetto.

Lenchen. (allein)
Das Glück ist rund, die Welt ist weit,
  Drum hasche nach dem Glück.
Denn ach die goldne Rosenzeit
  Kehrt nimmermehr zurück.

Graf (kommt mit dem Regenten.)
Betrachten Sie das Mädchen nur
  Und ihren schwarzen Blick,

Sehr wenig Kunst und viel Natur
Verlieh ihr das Geschick.
Regent.
Der Teufel ist ein Schelm, o traut
Nicht ihrem falschen Blick;
Die Hochzeit geht, merkt es die Braut,
Dann wie ein Krebs zurück.
Das ist der Graf — (zu den Mädchen)
Graf.
Das der Regent —
Lenchen.
Da sieht man, wie man wen verkennt!
Graf. Regent.
Wahrhaftig, sie gefällt mir sehr.
Lenchen.
Auch mir gefällt mein neuer Herr.
Haspel. (bey der Thüre hereinplatzend)
Wie ist's? werd' ich bald Sekretär?
Alle.
Was will denn der? —
Haspel.
Ich bin der Sekretär. —
Lenchen.
Der kommt zur ungelegnen Zeit,
Verhindert ganz mein Glück:
Das Glück ist rund, die Welt ist weit,
Doch weich ich nicht zurück.
Graf.
Was will die komische Figur
Mit ihrem Schafkopf Blick? (auf Haspel)
Wär ich allein mit Lenchen nur —
Vielleicht mächt ich ihr Glück;

Regent.
Der kam just recht die dumme Haut,
Verdirbt den ganzen Tanz;
Um desto besser für die Braut
So ist ihr Glück doch ganz.
Haspel.
Wie ist's? — Wie wirds? — Hört niemand mehr?
Ists Ernst, Spaß, oder Scherz?
Da steht der arme Sekretär,
Wie's Mandel bey dem Sterz!
Alle drey.
Alles alles geht verworren
Und man hat sich so gefreut.
Ach, es geht dabey verloren
Die so schöne goldne Zeit.
Doch nur stille, stille, stille!
Denkt, es soll und muß so seyn
Es ist so des Glückes Wille
Gieb, o Mensch! dich willig drein.

Haspel. (dreinschreyend)
Sitzt denn alles auf den Ohren?
Glaubts der Sekretär hat Zeit?
Habts denn das Gehör verloren,
Wenn man wie ein Esel schreyt?
Still, ich bin der junge Haspel!
Haspel heiß ich, was wollts mehr?
D'Mutter heißt die Eva Raspel,
Still — ich bin der Sekretär.

Reg. Mein lieber Herr Jvon Haspel! —
Hier ist des Herrn Grafen Bruder.

Hasp. So? — Servus! — Servus! Aber ich kann ihn nicht ausnehmen. Ich hab schlechte Augen von Studiren bey der Nacht.

Reg. (zum Grafen) Ich bestellt ihn nur des Spaßes wegen.

Graf. Laßen Sie ihn. Es ist selten ein Haus, wo nicht ein Haspel ist.

Hasp. Ich bin da.

Graf. Und sollen auch da bleiben.

Hasp. Es ist ihnen eine Ehr' — Damit aber der Herr Regent nicht glaubt, ich bin ein Esel, vor ihnen zu reden, so hab ich einen Aufsatz da, den ich an meine Herzensbesitzerinn geschrieben hab, aber ich muß's selber lesen, sonst kanns kein Mensch.

Leuch. (zu sich) Irr ich nicht, so ist das ja der Hausherrn Sohn von Linz?

Reg. (zum Gräfen) Kann denn eine solche Kreatur auch eine Herzensbesitzerinn haben?

Graf. Weibergusto sind verschieden. — Lesen Sie! (zu Haspel)

Hasp. (liest) „Einzige Quartiersfrau „meines getreuen Herzens-Pallastes! S:bstan= „tiose Urschel!" Sie ist eine Köchinn! — „und „ich kann dirs nicht länger verschwiegen halten, „derohalben ich so viele Unordnungen und Hand= „lereyen in meinem Herzen empfunden gewesen."
(Alle lachen)

Graf. Das ist schön!

Hasp. Das ist hochdeutsch! — „Silberne „Urschel! Wann wird die Sonne meines Glücks
„un=

„untergehen?" Das ist eine Fraß!*) — „Wes=
„wegen du wirst erkennen, wie viel ich dir zu
„Ehren alle Tag Seufzer ausstoß." Alle gehö=
ren für sie. — „Urschel! sammetne Urschel! —
„Mühlstein meines Herzens, wann lándet die
„Stunde meines Glücks an?" Merken Sie die
Fineß? — Sie kommt von Linz.
 Reg. Ich merke was.
 Hasp. (liest) „Daß ich durch deine Per=
„son, wegen der Heurath; aus der Freud, von
„dem Glück, vor der Consolation, zum Herzen,
„mittels der Umstånd; bey dem Zufall, hinter
„dem Neid, gegen die Lieb, über das Frolocken,
„nach der Verfolgung, unter der Ersprießlichkeit,
„und auf das nächste Heurathen gehabt haben mö=
„gen könne. Du wirst mich verstanden haben."
 Lench. Das ist leicht, so eine Schrift zu
verstehen!
 Hasp. Das glaub ich. (liest) „Leb wohl
„grünaugichter Schatz! Dein verschamerirter Lieb=
„haber! — Haspel!" (Alle lachen)
 Reg. Was? — grüne Augen?
 Hasp. Ja, das hat sie. Grüne Augen,
eine blaue Nase, und rothe Zähn. (liest) „Ich
„erwarte von dir nächstens eine scandalose Ant=
„wort."
 Lench. Die verdienen Sie auch.
 Graf. Mein lieber Herr Haspel, ich geb ih=
nen mein Wort, daß Sie meinem Bruder gefallen.
Lenchen! — Sie weiß ihre Schuldigkeit.
                   C   Lench.
*) Phrasis.

Lench. (Knicks) Ihro Gnaden werden meine Verdienste loben.

Reg. (zum Grafen) Ich gratulire. (zum Haspel) Herr Haspel, ich wünsche gute Unterhaltung. (ab mit dem Grafen. Lenchen will durch die Mittelthüre. Haspel zieht sie zurück.)

Dreyzehnter Auftritt.

Lenchen. Haspel.

Hasp. He Jungferl! — Warts ein wenig! (dummlachend) Der Jungfer ihr Sprach ist mir aus der Fasanomie bekannt.

Lench. So? — Sie sind ja der Hausherrns Sohn, in Linz, beym goldenen Schöpfen?

Hasp. Richtig, das ist mein Vater. — Nicht der Schöps, sondern der Hausherr. — Und wann ich mich nicht irr, so ist ja die Lenerl, die g'weßte Jungfer bey der g'strengen Frau von Pfnausnigel? — Hat mich d'Jungfer schon ganz vergessen? Mich, den zärtlichen Haspel?

Lench. (spröd) Wer andern Mädeln schreibt, der kann mich auslassen!

Hasp. Sey d'Jungfer nicht so dumm. Es ist ja nur ein G'spaß. He he! Der Brief kommt aus meinem Kopf. Es ist alles erlogen. Ich bin noch der alte Haspel.

Lench. (zu sich) Das seh ich.

Hasp. Und wann sie will — ich bin g'laden, mit Dukaten, und mein Vater geht schon

auf

auf den letzten Füssen. (lacht) Itzt bin ich Sekretär, und wann sie ein Appetitt auf mich hätt, so würden wir ein Paar, und da wurden wir sehen, was ich mir mit der Zeit mit meiner Feder verdienen könnte.

Lench. Wenn das Ernst wär — ja — ein Haspel wird ein scharmanter Ehmann — Topp!

Hasp. Topp! Wenn ich geheimer Sekretär werde, so wirst du meine vertraute geheime Canzley.

Duetto.

Haspel.
O Lenerl, o Lenerl! wie hab ich dich gern!
Dein bin ich, dein bleib ich, dein will ich zug'hörn.

Lenchen.
Du bist schon mein Haspel, du bleibst auch schon mein,
Du sollst stets mein einziger Haspel nur seyn.

Haspel.
Mein Vater hat Geld, und ich hab viel Verstand

Lenchen.
Wer Geld hat, hat Alles, braucht nichts vor der Hand.

Haspel.
Ja Lenerl, ja Lenerl, da hast du wohl recht,
Denn, wann ich kein Geld hätt, wer weiß, wer mich möcht?

Lenchen.
Mein G'sichtel ist hübsch und mein Haspel hat Geld,
So bringt uns dein Geld und mein G'sicht durch die Welt.

Alle

Alle zwey.

Der Handel ist g'schlossen, da hast du mein Wort,
Der Haspel und d'Lenerl, die sind schon akkord:
Und führen wir bald unser eigenes Haus
So gehen die Haspeln sein Lebtag nicht aus.

(Beyde ab)

Vierzehnter Auftritt.

Kaspar. Der Regent.

Kasp. O jerum! — Was hab ich g'sehen? — Die Jungfer Lenerl hat sich verhaspelt?

Reg. (aus dem Kabinet) Kaspar!

Kasp. Ihr Gnaden!

Reg. Ich und der Graf schliessen einige Rechnungen ab. Laß also niemand vor, und minder wichtige kannst du selbst abfertigen. (ab)

Kasp. Gut, ich werd schon einen Kreen machen. — Ich weiß, was ich thu, ich leg den Kasakin da an, und setz das Fraßhäubel da auf, so seh ich einen völligen Pamphili gleich, wie mein Herr! (Er zieht den Schlafrock an) Den Haspel muß ich was anders zu thun geben, sonst packt er mir die Kammerjungfer an, und das wär mir zu patzig. — He! — Herr Haspel! (er wirft sich in den Sessel. Haspel kommt und fährt zurück)

Kasp. Erschrick der Herr nicht, ich bin der Graf im Schlafrock.

Hasp. Ihr Excellenz! (ihm den Schlafrock küssend)   Kasp.

Kasp. Er hat meine Gnad, aber mit der Kammerkatz muß er sich nicht abgeben, das ist meines Kaspars Parthie, und der ist ein braver, guter, bildschöner Kerl. Bis indessen ein andere Einrichtung getroffen wird, so meld' er mir jeden, der kommt, mein Freund! — Wir bleiben ihm in Gnaden gewogen. (reicht ihm die Hand zum Kuß) Er kann sich absundiren! —

Hasp. Der Graf hat eine Bratze, wie ein Riebeisen, und so schwarz, als wann Ruben drauf anbaut wären. (zu sich, dann ab)

Kasp. Sackerlot! es geht! (lacht) Die erste Audienz ist vorbey. Ich glaub, wann man nur ein wenig ein Schlafrock an hat, so lernt man schon grob gegen die gemeinen Leut seyn.

Hasp. (kommt) Ihr Excellenz, des Gott Apollo sein Stiefbruder ist draussen. Er sagt, er ist ein Prophet.

Kasp. Den laß der Herr einergehn. Der soll mir den Traum auslegen.

Hasp. Gleich! — Geh der Herr her! (er öfnet ihm die Thür und bleibt gaffend stehen).

Fünfzehnter Auftritt.

Vorige. Der Poet im Schlafrock mit Lorbeer.

Poet. Gepriesner Mäzenat, du bist es in der That, den ich so früh als spat verehre: weil ich für meine Kunst, nur einzig deine Gunst, und gar nichts anders sunst, begehre.

Kasp. Das ist gewiß auch ein vornehmer Herr! — (laut) Ist der Herr ein Prophet?

Poet. Nein, ich bin ein Poet, der Dichtkunst und Reime versteht. — Durch diese Zimmerthür, komm ich herein zu dir, dir, meine Pflicht allhier, zu weisen, und dich bis an mein End, dich, den Herr Graf man nennt, Potztausend Schlaprament! zu preisen.

Hasp. Ihr Exlenz der flucht! den wirf ich hinaus.

Kasp. Laß ihn leben! —

Poet. Sind sie ein Gelehrter?

Kasp. Ich bin der Graf Hollerthee.

Poet. (sich verbeugend) Ich hab ein Epitaphium auf dero Beylager verfaßt. Hören Sie! —

„Hochwohlgeborner Bräutigam!
„Erlaub mir deinen groffen Nahm
„Nach Würde zu erheben,
„Und da ich dich durch Reime grüß,
„So sag' ich dir, du bist so süß,
„Wie Feigen und Zweben
„Die Hoch und wohlgeborne Braut,
„Scheint mir a recht a gute Haut,
„Sie thut wie Sterne glanzen.
„Der Götter Hand dieß liebe Paar,
„Vor allem Unglück stets bewahr,
„Vor Hungersnoth und Wanzen.

Hasp Mich beißts schon am ganzen Leib.

Kasp. Halt der Herr das Maul.

Poet.

Poet.
„Wie die Marschantzger auf dem Baum,
„Wie auf dem Hornerbier der Faum,
„Wie Milch und Obers pranget,
„So hat der hochzeitliche Graf,
„An seiner Braut dem lieben Schaaf,
„Die Schönheit auch erlanget. —
„Ich wünsche Euch zum guten Schluß,
„Von der Perücke bis zum Fuß
„Nur singen, tanzen, lachen.
„Der Himmel wolle Euch zugleich,
„Auf diesem Bretttelteller = Reich,
„Beglückt, und alles, was ihr euch an Leib
„und Seel Ersprießliches wünschen wollt, so
„wie ich es wünsche, geniessen machen.

Kasp. Der letzte Fersch ist um eine halbe Meil Wegs zu lang.

Poet. Auch hab ich eine kleine Komödie verfertigt.

Hasp. Da spiel ich auch mit.

Kasp. Still Domestick! — Leß mir's der Herr vor. Kritisiren will ich's, aber besser machen kann ich's nicht. Wie heißts?

Poet. Fraß und Füllerey, ein Schauspiel in fünfzehn Aufzügen.

Kasp. Der Titel ist verflucht hungrig.

Hasp. Da spiel ich mit, da spiel ich mit. Denn fressen kann ich wie ein Halter. (Man hört läuten.)

Kasp. Jetzt muß ich fort, mein Bruder läutet mir. — Mach der Herr derweil was Lustiges. Da ist Feder und Dinte — (zu Haspel) und der Herr scheer sich fort, damit der G'lehrte seinen Schedel ausleeren kann. (Haspel ab)

Poet. Ihr Excellenz — ich bitt nur um eine Kleinigkeit. (die Hand aufhaltend. — Man läutet.)

Kasp. Ein andersmal — jetzt hab' ich nichts Kleines! (er sucht überall) Ich komme gleich, sonst prügelt mich mein Bruder.

Poet. Me Hercule! Prügeln?

Kasp. Ja, weil er der Maratherr ist. — Wünsch gute Gedanken! (ab)

Poet. (allein) Das heißt den ganzen Tag gefischt, und nichts erwischt. Ein leerer Magen, kein Gericht, und Appetit, das reimt sich nicht.

Hasp. (kommt) Herr Prophet! — Es ist ein Herr in einem Flegelmantel draus, der will mit ihnen reden. Er hat Roß und Wagen vor dem Haus stehen, ich weiß nicht, ist's ein Lehenkutscher, oder ein eigner Herr.

Poet. Ach Himmel ach! Das ist der Racker! Der unglückselige Fiacker! — Dem bin ich 2 Siebzehner schuldig, drum wird der Flegel ungeduldig! — Das Ding wird immer schöner. Leih er mir 2 Siebzehner. (zum Haspel)

Hasp. Ach, ich leih keinem Poeten nichts. Mein Vater hat g'sagt, in Versen nehmen sie's zu leihen, und in Prosi geb'ns nichts zurück.

Da

Da ist der gnäd'ge Herr schon. (macht dem Lehenkutscher die Thür auf, dann ab.)

Sechszehnter Auftritt.

Fiacker. Poet.

Kutsch. No, wie ist's. Der Herr laßt mich schön warten? Das wär schon recht! Nachher heißts, ein Kutscher ist ein Flegel. Auf d'letzt thäts ein auf'n Kraut fressen. Mach der Herr, sonst fahr ich unter ein Gulden nicht weg. Es ist ohnedem ein Schand für mein Wagen, denn die Leut glauben, ich führ den Pfingstlimmel.

Poet. Nur Geduld, ich verlange nichts umsonst.

Kutsch. Umsonst auch noch? Ist wahr, Haber und Heu krieg ich umsonst? Es seyn ohnedem janzete Zeiten. Wann man fahrt, wie man will, so kriegt man höchstens ein 2 Groschenstückl Trinkgeld, und, wenn man ein wenig raisonnirt, so schreyens gleich, Kerl, was hast für ein Numero? und nachher giebts Strichel nach dem gereckten Tod. — Also Marsch!

Poet. Ich habe keinen Kreutzer. Führt mich aus Liebe des Nächsten.

Kutsch. Meine Pferd und ich fressen nichts von der Liebe des Nächsten. Marsch! Zieh der Herr den Schlafrock aus, und lauf er im Hemd z'Haus.

Poet. Ich setz euch meinen Lorber ein.

Kutsch. Da konnt ich höchstens ein Lungelbratel damit fressen.

Poet. Bedenkt doch, wer ich bin.

Kutsch. Ein Mensch, der kein Geld hat, ist nichts. — Der Herr ist ein Ferschenmacher? Mein Kammerad der Schmalzlippel kanns auch.

Poet. O grosser Apoll! So soll die Poesie gar unter die Lehenkutscher gekommen seyn?

Kutsch. Er hat mir öfters einen Fersch auf mein Mensch g'macht, aber itzt haben wir uns zertragen.

Poet. Habt ihr ein Mädchen?

Kutsch. Nix Mädchen, ein Mensch hab ich g'sagt.

Poet Ich will euch etwas machen, wenn ihr mich führt.

Kutsch. Ja Herr, was Lieb's. So, daß ich sie gern hab, und daß sie mich gern hätt, und mein Wagen, und meine 4 Schimmel bring mir der Herr auch hinein. Sie heißt Köchinn, und ist ein Evabudel. Sie macht die beßten Germnudel in ganz Oesterreich.

Poet. Also: Willkommen, liebster Schatz, gepriesne Evabudel, Verfasserinn der so berühmten Germnudel! —

Kutsch. Das ist schön und köstlich!

Poet. Ich hab zu deinem Dienst ein Wagen und 4 Schimmel, und bleib dein bis in Tod dir treu ergebner Limmel.

Kutsch. Nein, das ist zu laut.

Poet

Poet. Es ist gut, wenn sich der Mensch erniedrigt.

Kutsch. Nein, den Limmel muß mir der Herr zu was anders machen.

Poet. Ein Limmel ist ja leicht verändert, es giebt noch mehr Schimpfnahmen im Grobians = Kalender.

Kutsch. Gut — kommt der Herr, da drauß ist's besser, da trinken wir eins mit einander. Aber bevor's fertig ist, führ ich den Herrn nicht heim. Wir seyn ohnehin gerackert g'nug. Kein Mensch will recht fahren, weil jetzt die Commotion in der Modi ist, und wann's nit um's Neujahr regnet, oder bey ein Feuerwerk ein kleins Wolkenbrüchel niedergeht, so müssen wir auf d' letzt unsere Roß fressen.

Aria.

Es ist ein Fiacker jetzt so wie sein Pferd,
Bey unseren Zeiten im nähmlichen Werth!
Bald fahrt er zu langsam, bald fahrt er zu g'schwind,
Nachdem er halt führt oft ein hackliches Kind.
Der Wag'n soll nicht stossen, soll gehn wie ein Trag
Sonst ist gleich beym Aussteig'n a grimmige Klag,
Und heißt er's ein wenig ein G'sindel dabey,
So kriegt er sein Habern, da kommt d' Polizey.

———

Da wird uns der Wagen gar oft ruinirt,
Wenn puderte Herren spazieren man führt;
Da wird er voll Puder, Pomadi und Schmier,
Und oft kriegt man doch keinen Kreutzer dafür:

Oft

Oft führ ich die Herren auf Puff und auf Borg,
Das Zahlen das ist ihre mindeste Sorg.
Es wär oft vonnöthen, man fräſſet auch bloß
Nur Haber und Heu wie ein hungriges Roß. (ab.)

Siebenzehnter Auftritt.

Kaspar aus dem Kabinet wie zuvor.

Ich muß doch g'ſpaſſig ausſchauen, denn mein Herr hat glaubt, er iſt's ſelber.

Achtzehnter Auftritt.

Fräulein Fanille tritt ein, und macht **Kaspar** ein Compliment.

Fan. Guten Morgen, lieber Regent! —

Kaſp. (lacht) Ihr Gnaden foppen ſich ja ſelber. Bin ja nur ich's.

Fan. Der Kaspar? — Wie kommt er in die Maskerade?

Kaſp. Der Herr Graf und der Regent thun miteinander auf Multiplication ſtudiren, damit's mehr Geld bey der Hochzeit haben, und da hab ich halt indeſſen ſein Stell vertreten, und die Partheyen überhört, denn in dem Schlafrock ſtecken die beßten Gedanken.

Fan. Was ſind das für zwey Mädchen im Vorzimmer?

Kaſp. Zwey Kammerjungfern. Eine hat des Herrn Grafen Approbation ſchon erhalten.

Fan. So? — Ich will ſie ſprechen.

Kaſp.

Kasp. (will sich auszziehen) Gleich!

Fan. Bleib er nur so, dem Grafen braucht er noch nichts zu sagen, daß ich hier bin.

Kasp. Ich riech ihr Gnaden von Weiten — ich merks schon — He Kammerjunfern! (zur Thüre hinaus, dann springt er ins Kabinet) Der Graf retirirt sich. Zwey Augen hab ich nur. Wann mir eine jede nur eins auskratzt, so bin ich blind, wie ein Fink. (ab.)

Fan. Ey, ey! Das ist mir nicht lieb, daß mein Bräutigam Kammerjungfern engagirt. — Doch — Passons la dessus. Ist er nur einmal mein Mann, dann bin ich seine erste Kammerfrau.

Finale.

Gräfinn.
Der Brautstand ist vor allen
Der schönste Stand allein.
Das Herz fängt an zu wallen,
Es kann nicht ruhig seyn.
Es zittert, hoft und schwebet,
Man weiß nicht aus noch ein,
Man glaubt, indem man bebet,
Im Paradies zu seyn.

Lisette, Lenchen.
Hier sind wir zu Diensten
Mit unseren Künsten,
Sind flink bey der Hand.
Uns fehlts nicht an Willen
Den Wunsch zu erfüllen,
Wir haben Verstand.

Gräf.

Gräf. (zur Lis.)
Was kann sie für Sachen?
Liset.
Kann Kopfputze machen,
Auf Haar und auf Touren:
Ich kann Garnituren,
Auch die Natherey,
Und noch mancherley.
Gräf. (zu Lench.)
Und sie, was kann denn sie?
Lench.
Noch mehr als wie die.
Spitzbutzen, spitzfleckeln,
Salopp machen, fleckeln,
Und kann nebenbey,
Die Kanditerey.
Gräf.
Und ihr Lohn?
Lench.
Hundert Gulden.
Gräf. (zu Lis.)
Sie muß sich gedulden,
Denn diese kann mehr.
(zu Lench.)
Sie kommt wieder her. (ab)
Lis.
Schämt sie sich nicht so zu lügen
Und die Dame zu betrügen,
O sie Fisperl ohne End?
Lench.
Ich hab ihr halt nachgelogen,

Und sie so, wie sie betrogen,
Ey poßtausend Fickerment!
   Lis.
Nur Geduld, wir wollen sehen,
Wie es ihr wird hier ergehen
Bald wirft man sie aus dem Haus,
So wie überall hinaus.
   Lench.
Ey glaubt sie, man kanns nicht wissen,
Daß sie aus dem Haus hat müssen,
Weg'n dem schwarzen Ferdinand?
Das ist ja schon weltbekannt.
   Lis.
Was! das möcht' ich nochmal hören!
   Lench.
Ey daran werd ich mich kehren.
   Lis.
Ja sie lügt in ihren Hals
   Lench.
Und das thut sie ebenfalls.
   Beyde.
Nein, das ist nicht zu ertragen.
So ein Schimpf in diesem Haus!
Schrecklich müssen wir uns schlagen,
Eine muß zum Haus hinaus.
   Kasp. (im Schlafrock)
Heda still ums Teufelswillen
Seyds dann auf der Wäscherzillen?
   Lis.
Sie hat mir das Brod gestohlen.
   Kasp.
Laß sie sich ein anders hohlen.
   Lench.

Lench.
Sie hat nur die Braut betrogen.
Kasp.
So hätt' d'Jungfer wieder g'logen.
Beyde.
Nur Geduld dich will ich kriegen,
Haub' und Haar zugleich soll fliegen;
So entkommst du mir nicht mehr,
Nein, auf Kammerjungfern Ehr.
Kasp.
Da wird eine Prügel kriegen,
Gleich wird da ein Schopf wegfliegen,
Mamsell Jungfern meiner Ehr
Machts mir keinen Staub daher.
(Er schiebt sie hinaus)
Ey poßtausend, das war was!
Das war à Bagaschi das!

Poet. (kömmt ängstlich)
Das ist ein verdammter Nacker!
Der abscheuliche Fiacker.
Ach, um alles in der Welt
Leihens mir ein kleines Geld. (zu Kasp.)
Kasp.
Ha! verflucht, nein, Unsereins
Hat nichts Großes und nichts Kleins.
Poet.
Nehmens doch zur G'fälligkeit
Meinen Kranz aus Dankbarkeit!
(setzt ihm eben auf)
Und verstecken sie mich hier,
Kasp.

Kasp.
Fort ins Kabinet mit dir.
(Er versteckt den Poeten und kommt gleich wieder)
Izt bin ich, schauts mich einmal an
Sogar ein Lorbeerblattel Männ.
Doch still, ich höre wieder wen,
Da muß ich gleich auf d'Seite gehn. (ab)
Haspel. (kommt mit Lisette und Lenchen)
Verlassen Sie sich nur auf mich,
Der g'heime Secretair bin ich
Machts Frieden und seyds einmal g'scheidt,
Sonst kommts den Mäulern in die Leut!

Lench Liset.
Nein, ich will wieder meine Ehr'!

Hasp.
Ey theilts mitsammen hin und her,
So giebts gar kein' Prozeß nicht mehr.

Graf. Regent. (kommen)
Was giebt es hier für Streiterey,
Ist das Respekt und Brauch?
Der dumme Haspel ist dabey,
Die Kammerjungfern auch.

Lench.
Ich liebe nicht die Zänkerey,
Darum entfern ich mich.

Graf. (hält und umschlingt sie)
Bleib liebes Lenchen ohne Scheu,
Bleib hier, ich schütze dich.

Gräfinn (kommt)
Ha! mein saubrer Bräutigam!
Kommten wir allhier zusamm?

Ich komm, es ist mir herzlich leid (spöttisch)
Wohl gar zur ungelegnen Zeit?
Alle.
Wer weiß, was noch daraus entsteht,
Was wird der Schluß wohl seyn?
Wer weiß, wie es zu Ende geht?
Ich seh es noch nicht ein.
Da schaut nun eins das andre an,
Die hier, der andre dort:
Und keines weiß, wie oder wann?
Man hört kein lautes Wort.
Kasp. (kömmt)
Auf d'letzt, da setzt es Handel noch,
Ich g'spür die Prügel schon.
Nur also g'schwind hinaus beym Loch
Und heidipritsch davon! (will ab.)
Alle.
Was ist denn das? Wer ist denn der?
Kutscher. (kommt und hält Kaspar.)
Da nichts passirt mein sauberer Herr!
Glaubt er, daß 's gleich so geht?
Nein, foppen laß ich mich nicht mehr,
Halt an mein Herr Poet!
Alle.
Der Poet? Ein Poet?
Kasp. (knieend)
Der ist ja drin im Kabinet.
Ach ich bin ja ganz und gar,
Kasperl selbst der arme Narr.

Graf.

Graf. Reg.
Heraus mein saubrer Herr Poet,
Heraus aus diesem Kabinet.
(Sie führen ihn heraus)
Poet.
O weh ich dummer Michel!
Itzt krieg ich richtig Strichel.
O Tod komm mit der Sichel,
Mach, daß mir armen Michel,
Wird des Fiackers Strichel,
Zum Nichel aller Michel. *)
Graf.
Ich sehe, hier ist ein Verstoß
Dahier ist Geld, läß er ihn los.
Kutsch.
Schon gut. Mein Lebtag gnäd'ger Herr!
Führ ich ja kein' Poeten mehr.
Koch. (kommt auch gelaufen, und stößt den Kutscher nieder)
Da ist die Tafel, hier die Gäst',
Die Knödel werden sonst zu fest.
Kutsch.
Herr, wenn er mir noch einmal kummt,**)
So weiß ich, daß der Kopf ihm brummt.
(mit der Faust drohend ab, indem ihn Kaspar hinaus transportirt.)
Koch.
Die Suppe wird kalt, und die Brätel verbraten,
Die Knödel sind hart, und der Taig wird
nicht g'rathen.

Die Schnepfen, die Hasen, der Hahn und
    Fasan,
Verbraselt sich alles, kurzum ich richt an.
      Reg.
Sag er mir, was will er doch?
Ich glaub er ist ein Narr?
      Koch.
Mehlschöberl heiß ich, und bin Koch,
Da wissen Sie es klar.
    Graf. (zum Hasp.)
Sag er mir, was will denn er?
Wenn man fragen kann?
      Hasp.
Nichts per Er, bin Secretair,
Und wen geht's was an?
      Lis.
Ich bin Lieschen.
      Lench.
Ich bin Lene.
    Gräf. (zum Graf.)
Das ist also ihre Schöne?
      Graf.
O da werden Sie sich irren,
Hab ich denn nicht mehr Kredit?
      (zur Gräf. beis.)
(laut) Alles will ich engagiren,
Daß kein Unrecht hier geschieht.
Doch nur auf ein Vierteljahr,
Dann ist der Kontrakt auch gar.
      Gräf.
Nun so sind wir auch vereint,
Wenns mein Bräutigam so meynt.

Alle bis auf den Grafen und die Gräfinn.
Jubelt hoch und jauchzet laut,
Vivat Bräutigam und Braut!
Alle
Alles war hier so verworren,
Alles hatte sich geirrt:
Keiner traute Aug' und Ohren,
Jeder hat sich selbst vexirt.
Weiber.
Gar nichts ist nunmehr zu scheuen,
Alles alles war ein Wahn:
Giebt es irgend Streitereyen,
Sind die Männer Schuld daran!
Alle.
Zu dem Sturme schollen Glocken,
Alles gieng die Kreuz und Quer:
Alles alles gieng ins Stocken,
Da kam wieder Friede her.
Nach dem Sturme scheint die Sonne,
Keine Nebel sieht man mehr,
Ruh und Eintracht nur bringt Wonne,
Ach! wenns nur bald Friede wär!

Ende des ersten Aufzuges.

Zweyter Aufzug.

Erster Auftritt.

(Voriges Zimmer.)

Fanille zornig, hinter ihr eilig der Graf.

Duetto.

Fanille.

Nein das ist zu übertrieben!
Sich in Lenchen zu verlieben?
O der schöne Bräutigam!

Graf.

Es war ja nur Scherz Geliebte,
Daß Sie Eifersucht betrübte,
Und ich zum Verdachte kam.

Fanille.

Nun ich will das Beste glauben,
Mir nicht alle Hoffnung rauben,
Denn ich bau auf ihr Gefühl.

Graf.

Graf.

Es ist wirklich gar zu bitter,
Wenn den Ton der Hochzeitzither
Eifersucht verstimmen will.

Fanille. Graf.

Drum vergessen und vergeben,
Laß uns wieder ruhig leben,
Liebe sey des Zweifels Damm.
Wir sind Braut und Bräutigam!

(Beyde durch die Mittelthüre ab)

Zweyter Auftritt.

Kaspar mit dem Regenten in erster Tracht.

Reg. Aber sag mir nur, bist du denn wirklich des Teufels?

Kasp. Nein, ich gehöre ja Ihnen zu.

Reg. Wer hat dir denn erlaubt meinen Schlafrock anzuziehen? —

Kasp. Ich selber. Sie haben ja gesagt, ich soll ihre Person vorstellen, und wann ich einen Schlafrock anhabe, sieh ich Ihnen am besten gleich.

Reg. Das sag ich dir, wenn du mir noch einmal so einen dummen Streich machst, so jag ich dich aus dem Dienst.

Kasp. Ach das ist gar nicht möglich. Wir seynd ja schon so zusammgewohnt, wie ein paar Lehenkutscherroß.

Reg. Du bist und bleibst ein Narr.

Kasp. Ein Narr muß auch seyn, sonst machten die G'scheiden nicht so viel Aufsehen.

Reg. Geh und ruf mir Lenchen.

Kasp. Die andere ist auch wieder draussen, sie setzt sich an, wie a Wantze.

Reg. Ich brauche sie nicht.

Kasp. Das sag ich ihr alleweil, aber sie sagt, man hat in dem Haus ihre Ehr beschmutzt, sie will sich vor Ihr Gnaden wieder herausputzen.

Reg. Du thust, was ich dir sage. Lenchen kommt, und Lisette wartet.

Kasp. Also die Lenerl kommt, und b'Liserl wart?

Reg. Ich werde läuten, wenn ich ihrer bedarf. Hörst du?

Kasp. (zu sich) Das ist ein alter Schachtelbeckel! — Also die Liserl wart, und die Lenerl kommt? (ab) Jungfer Lenerl! (an der Thüre) Nur herein Mamsell Jungfer!

Dritter Auftritt.

Vorige. Lenchen.

Lench. Was befehlen Ihr Gnaden? —

Reg. Ich will mit ihr allein sprechen.

Kasp. So wär's sauber! — Sie hört nicht gut, ich will ihr's verdollmetschen. (zum Regenten.)

Lench.

Lench. Ich bin wahrhaftig in dem Verdachte ganz unschuldig.

Kasp. Ja die andre ist ein Lugenmaul, und —

Reg. Still! Wer redt mit dir? — Was geht dich das an?

Kasp. (zu sich) Es geht mich ein wenig stark an.

Lench. Man muß doch höflich gegen artige Kavaliere seyn. Ich weiß schon, die andere hat mich verträtscht: aber sie ist erstens nichts im Stand, zweytens mit Amanten umrungen, bildet sich ein, sie wär eine Dame, hat ein Maul wie ein Schwerdt, ist voller Schulden, und, — (nicht daß ich ihr die Ehr abschneid) aus drey Diensten mit Schand und Spott gekommen.

Kasp. So recht Jungfer Lenerl, red die Jungfer nur zu, aber nur nicht Ehr abschneiden.

Lench. Ja, sie ist schon einmal — —

Reg Still, der Zorn redt aus ihr —

Kasp. Ich will ein Häferl Milch hohlen, da lassen die Schlangen meistens das Gift drein. (zu sich)

Reg. (kneipt sie in die Wange) Nur getrost mein Schatz! — (zu Kaspar) Entferne dich! —

Kasp. Was? Schatz, ein Zwicker, und allein auch noch? — (laut) Nein, das thut kein Gut Herr Hausfreund?

Reg. Spitzbube! (Kaspar entspringt)

Vier=

Vierter Auftritt.

Regent. Lenchen.

Reg. Mein liebes Kind, ich möchte gern, daß wir länger beysammen blieben. Nehme sie sich daher in Acht. Der Graf ist etwas galant, die Braut eifersüchtig, und sie, ist jung und hübsch. Ey, ey! Es sind Schindeln auf dem Dache.

Lench. Für was halten Sie mich?

Reg Für ein Frauenzimmer. Es ist alles vergessen, aber notabene! Man muß auch den Schein vermeiden.

Lench. Was thu ich denn? Kann ich dafür, wenn ich kein Rhinozeros = Gesicht habe? Ist es meine Schuld, daß der Graf Augen hat. Man muß suchen zu gefallen, weil man noch jung ist. Eine Kammerjungfer sucht sich beliebt zu machen, wo sie kann.

Reg. Sie sucht sich also auch beliebt zu machen? — Ein Mädchen, das zu sehr gefällt, gefällt am Ende gar niemand. Ich will ihr eine Romanze erzählen.

Lench. O ja, Romanzen hör ich recht gerne.

Romanze.
Regent.

Es war einmal in Oesterreich,
    Den Nahmen weiß ich nicht:
Ein Mädchen, einem Engel gleich,
    Von Wuchs und von Gesicht.

Nur

Nur einen Fehler hatte sie
   Den man ihr übel nahm:
Sie liebte nach der Phantasie,
   Was in den Weg ihr kam.
Kurzum sie liebte jedermann,
   Der sie nur angelacht,
Doch, was fieng sie am Ende an?
   Was fieng sie an? Gieb Acht!
   Gieb Acht!

—

So ward sie alt, sah häßlich aus
   Man floh sie überall:
Die Männer flohen nun ihr Haus
   Zu ihrer grossen Quaal.
Und trug sie auf der Gasse dann
   Den Runzelkopf zur Schau,
Fieng jedes Kind zu schreyen an:
   „Da kommt ja der Wauwau!„
Sie starb, und stieg vom Grab hervor
   In jeder Mitternacht,
Und rief wie durch ein fernes Rohr
   Ihr Mädchen, habet Acht!
   Gebt Acht!

Reg. (Er geht bis an die Thüre, dann kehrt er um, da sie in Gedanken steht) Nun, — Hat sie Ihr die Lection gemerkt, oder soll ich sie ihr noch einmal sagen? — Was denkt sie?

Lench- (die bisher immer bußfertig stand, fängt plötzlich an zu lachen) Ich denke — ha! ha! ha! wie

wie die Alte mit dem Runzelkopf auf dem Platz um Mitternacht spatzieren geht? Das ist eine Geistergeschichte nach der neuesten Mode, Kinder zu schrecken. — Pfiffig muß man's anstellen, Pfeiffen schneiden, weil man im Rohre sitzt, und fangt man an, mit dem Kopf zu wackeln, wie eine Ofenfigur, dann ist's immer noch Zeit.

Aria.

Junge Mädchen müssen scherzen,
   Weil noch frische Jugend lacht.
Nichts verwelkt so leicht wie Herzen
   Dann heißt's, Liebe gute Nacht!
Wird man alt — dann ist's vergebens, —
   Niemand sieht uns zärtlich an.
Drum genießt die Zeit des Lebens,
   Sucht beyzeiten einen Mann.

Heute diesen, morgen jenen,
   Daß man einen Wechsel hat.
So lernt man die Männer kennen,
   Das ist pfiffig in der That!
Hat man nun den Schatz gefunden,
   Winket uns der Liebe Lohn,
Dann geschwinde sich verbunden, —
   Marsch, zur Kopulation! (ab)

Fünfter Auftritt.

Regent. Kaspar.

Reg. Bravo! Die hat gerathen, sie darf hur gut thun.

Kasp. Ihr Gnaden! — Der gnädigen Fräule ist nicht gut, sie liegt auf dem Kanapee, und seufzt wie ein Blasbalg.

Reg. Ist denn niemand bey ihr?

Kasp. Kein Mensch. Der Graf ist justament fort von ihr. Ich glaube, sie weint, daß's nicht früher geheurath hat. (Regent will ab)

Sechster Auftritt.

Vorige. Graf.

Graf. Wohin mein lieber Regent?

Reg. Zur Fräulein Braut — ihr ist nicht wohl. —

Graf. (lacht) Possen! Es war verliebter Verdruß, und bey der Aussöhnung setzt' es Thränen. Traurige Bräute, lustige Weiber!

Kasp. Das versteh ich nicht, aber wann das wahr ist, so brüll ich bey meiner Hochzeit wie ein Ochs.

Graf. Marsch hinaus vor die Thüre!

Kasp. Recht! — Man hört so nichts G'scheidtes herin. (ab)

Siebenter Auftritt.

Graf. Regent.

Graf. Mein lieber Regent, bald werd ich dem Himmel danken, wenn die Hochzeit vorüber ist. Meine Braut hat abscheuliche Launen.

Reg. Erlauben Sie mir Herr Graf, eine so artige Kammerjungfer —

Graf. Sie müssen Scherz von Ernst unterscheiden, lieber Hausregent. Ich thäte Lenchen gleich aus dem Hause, aber ich will mein Vorrecht nicht vergeben. Geb ich einmal nach, so steh ich unter dem Pantofel. — Uebrigens wie steht es mit dem Balle?

Reg. Es ist alles in Ordnung. — Und die Narren, die wir engagirten, sollen genug zu unsrer Unterhaltung beytragen.

Graf. Man giebt ihnen eine Vierteljahrsgage, und läßt sie dann laufen.

Reg. Der Poet schreibt sich die Finger krumm, und der Sekretär Haspel rezitirt es, daß die Hunde heulen. (Man hört auſſen Lärm)

Graf. Was ist das?

Kasp. (hereinstolpernd) Das ist ein Specktackel! — Der Poet und der Haspel haben sich einander völlig bey der Parocken.

Graf. Warum denn?

Kasp. No, der Haspel soll Komödie spielen lernen, aber er ist fast so ein Esel wie ich.

Graf. Ruf sie herein.

Kasp.

Kasp. Ich werde gleich ein paar Granaten drein gehen lassen.

Graf. Wir wollen uns indessen verbergen. (auf die Seite)

Achter Auftritt.

Vorige. Poet. Haspel.

Poet. Ich bin der Dichter, ich muß es besser wissen. Der Herr muß anlegen, was ich will. Wir vertheilen die Rollen, alles muß Kastrum=mäßig erscheinen. Lern der Herr vorher reden, eh er mich belehren will.

Hasp. Ich kann noch mehr als reden, ich kann singen.

Poet. Ich werde thun, was ich will. — Kann der Herr aber auch singen, wie ein Kö=nig? — Kann er die sieben Aktionen? So be=fiehlt er — so zeigt er seine Würde — so geht er auf und nieder — so weint er — so lacht er — so ist er zärtlich, so wieder zornig. — (er packt Haspeln, und wirft ihn gerade auf den Grafen)

Graf. He da!

Poet. Ha Sr. Excellenz, macht eine Re=verenz!

Hasp. Ihr Exlenz können einen Puff aus=halten. Wenn sie nicht so stark wären, ich hätte sie umgeworfen, wie einen Wollsack.

Kasp.

Kasp. (zu Haspel) Steht das in der Roll drin?

Graf. Ich verbiethe mir jeden Zank. Indessen ist es mir sehr lieb, wenn sie sich ein wenig exerciren. Ein kleines Haustheater ist immer eine noble Passion.

Kasp. Ja, und wann wir auf dem Land einmal eine Komödie gagiren, so mach ich den Kasperl seine Rollen. Ich kann akkurat solche G'friser schneiden, wie er. (macht sie)

Graf. Doch jetzt laßt uns allein!

Poet. (zu Haspel und Kaspar)
Ihr göttlichen Genies, kommt unter meine Flügel
Hier seyd ihr sicherer, als mancher Erdensahn,
Denn die Kritik sticht mehr als wie ein alter Nigel
Die Musen reichen euch bereits die Lorbeerkranz
(ab)

Neunter Auftritt.

Graf. Regent.

Reg. So hab ich doch in meinem Leben keine solchen Narren gesehen.

Graf. Desto besser, lieber Regent. Jetzt muß man lustig seyn, da ist schon etwas erlaubt. Ein Bräutigam bedarf ja Aufheiterung, eh er in den Kerker kommt. (ab)

Zehn=

Zehnter Auftritt.

(Fanillens Zimmer, mit einem Handspiegel.)

Fanille allein.

Wenn ich mich nur nicht ärgern dürfte. Ich sehe als Braut so blaß aus, so blaß, als ob ich schon einige Wochen verheurathet wäre, und Verdruß gehabt hätte — Blaß? — J da fällt mir ein herrlicher Gedanke ein. — Ja, ich will mich revangiren, und zugleich meinen Bräutigam probiren. — Kupido, du Schelm aller Schelme, steh dießmahl einer Schelmin bey. He Kaspar!

Eilfter Auftritt.

Fanille. Kaspar.

Kasp. Wollen mir ihr Gnaden was? —

Fanil. Sag er mir, wie schau ich denn aus?

Kasp. Wie halt eine Braut ausschauen soll. Bleich vor Furcht, roth vor Lieb, blau aus Kälte, und grün in der Hofnung.

Fanil. Er ist ein Narr. Mir ist todtenübel.

Kasp. Das kann seyn, aber ihr Gnaden sehn aus wie das Leben. Das Gesicht ist roth wie ein Scharlach-Ausschlag, und weiß wie eine Kalchgruben.

Fanil. Was nutzt das, äusserlich roth und inwendig krank.

E   Kasp.

Kasp. Da heißts halt, auswendig huy! und inwendig pfuy! So seyn Ihr Gnaden akkurat, wie ein Marschanzgerapfel, der ist oft auswendig roth und inwendig g'fault.

Fanil. Ich soll mich gar nicht zürnen, ich bekomme gleich den Schwindel.

Kasp. So sollen ihr Gnaden lieber beyzeiten eine Aderlaß einnehmen.

Fanil. Mir geht gewiß was vor.

Kasp. Vorgehn thut mir nichts, aber nachgehn thut mir ein Kellner, dem ich acht Jahr drey Gulden schuldig bin. —

Fanil. Nun, da hat er einen Dukaten.

Kasp. Muß ich herausgeben? — Bedank mich! — Ich werd schon fleißig dafür trinken, daß ihr Gnaden recht g'sund werden.

Fanil. Seh er nach, wer klopft?

Kasp. So kann man kein Augenblick allein bey einer Fräula seyn. (geht zur Thür, und macht auf.)

Zwölfter Auftritt.

Der Schneider guckt mit dem Kopf zur Thüre herein, lacht, und fährt wieder zurück.

Fanil. Was will er?

Schneid. (lacht dumm) Ich weiß schon, was ich will. Hihihi! aber ihr Gnaden wissens nicht. (wieder zurück.)

Kasp. Ah, den fang ich Solo! (er führt ihn vor.)

Fanil.

Fanil. Was will er?

Schneid. Ich möcht ihr Gnaden gern um und um meßen. (lacht.)

Fanil. Mich?

Kasp. Itzt sag er gleich, wer er ist?

Schneid. Ich bin — ich bin der Schneiderg'sell Zwirndel, und möcht halt — ich möcht ihr Gnaden gern die Kleidermaaß nehmen, möcht ich —

Kasp. Dem werd ich wohl die Maaß nehmen müssen!

Fanil. Mein Freund, ich habe mein Brautkleid schon, und meinen eigenen Schneider.

Schneid. Das thut nichts, ich will gleich eines auf die künftige Niederkunftgala machen — Hihihi! — (er betrachtet den Kaspar) Verzeihen mir ihr Gnaden, daß ich lach, aber so bald ich einen dummen Menschen sieh, so muß ich kudern, wie ein Füllerl. (lacht überlaut.)

Kasp. So darf der Herr das ganze Jahr bey kein Spiegel vorbeygehn.

Fanil. Wer schickt ihn denn?

Schneid. Ich schick' mich selber. Ich bin der g'scheide Sohn vom Schneider Wetz, ja, der bin ich. Er hat mich hier ausgebrütet, hat er mich — (er nimmt die Maaß und Scheer heraus, und beschäftigt sich mit ihr.) Ihr Gnaden müssen sich von meiner Arbeit was anschaffen, entweder ein Kommodel oder ein Schakctel. — Ich will ihnen ein Flugkleid machen, oder ein Ziehkleid, einen Schlafrock, oder einen Reitermantel. — Bleiben ihr Gnaden nur hübsch still stehen.

Fanil. Der Kerl ist ein Narr — was will ich machen. Nun, so meß er zu.

Schneid. (der auch Kaspar mitmeßt) Wenn Ihr Gnaden erlauben, so mach ich auch gleich die Livree für den gnädigen Herrn da mit. Schwarz mit grün Aufschlägen, weiße Weste und rothe Hosen.

Kasp. So ist's recht! — Das ist ein guter Gusto.

Schneid. Hi! hi! hi! — Von was schaffen's ihr Gnaden? Von Wixleinwand, oder Fließpapier, von Gelsengarn oder Pergament? — Ich hab der Gräfinn Grünspann ein Fourno von indianischen Vögelnestern gemacht, und dem Baron von Thumirnichts ein Gilee=Weste von einem Feuerwerkzettel. — Essen ihr Gnaden viel?

Fanil. Was geht das ihn an?

Schneid. Nun, so nimm ich halt die Taglia ein bissel weiter.

Kasp. Mir kann er keck was zugeben.

Schneid. So, jetzt bin ich fertig. — Ihr Gnaden werden mit mir zufrieden seyn, ich hab schon mehr solche Damesen mit Kleidern versehen. Hi! hi! hi! hi! — Zur Dankbarkeit will ich Ihr Gnaden ein Liedel singen, was ich bey einem jeden Frauenzimmer sing, wenn ich ihr die Kleidermaaß nimm.

Aria.

Ein Schneider, das ist halt ein künstlicher Mann,
Denn er zieht die Menschen mit Kleidern nur au,

Versteht er die Kunst nur, und hat er ein Paß,
So nimmt er von all seinen Kunden die Maaß.

Es sagt zwar der Wetz=Wetz, kein Schneider ist schwer,
Er hat nix als Nadel. als Zwirn, und die Scheer:
Doch hat nur ein Schneider ein wenig ein Hirn,
So kann er bey Schönen sich rekommandirn.

Und komm ich auch hundertmal noch auf die Welt,
So werd' ich kein Gelehrter, so werd' ich kein Held,
So werd ich ein Schneider, wie vor und wie eh,
Ein Schneider ist's beste auf Erden — Juhe! (ab.)

Dreyzehnter Auftritt.
Fanille, Kaspar.

Kasp. Wann ich nicht schon ein burgerlicher Lakay war, ich wurd gleich ein Schneider.

Fanil. Mir scheint, in diesem Haus kommen alle Narren zusammen.

Kasp. Ja, ja, mir ist's selber so.

Fanil. Begleit er mich. Vielleicht wird mir in der freyen Luft besser. — Doch nein — laß er mir vorher Lenchen und Lieschen in mein Kabinet kommen.

Kasp. Gleich ihr Gnaden! (ab.)

Vierzehnter Auftritt.
Fanille allein.

Ich muß ihm gleich anfänglich das Feld abgewinnen, und zeigen, daß ich Frau vom Hause bin. (ab ins Kabinet.)

Fünfzehnter Auftritt.

Kaspar kommt mit den Mädchen, Lenchen und Lieschen. Hinter ihnen der Graf und der Regent.

Kasp. Die Fräule Braut will's so haben, und da braucht's hernach kein Reden.

Graf. Zu was brauch ich denn zwey Kammerjungfern?

Kasp. Ihr Gnaden brauchen gar keine, aber d' Fräula.

Reg. Er wird Unrecht verstanden haben?

Kasp. Ey ja wohl.

Fanil. (aus dem Kabinet.) Nein, mein Lieber, er hat Recht!

Kasp. Schau! Hab' ich's nicht gleich gesagt — Alles wollen's besser wissen, als ein geschworner Lakay. (ab.)

Graf. Aber Fräulein —

Fanil. Still Herr Graf — Sie haben Lenchen aufgenommen, und ich nehme Lieschen auf. Ich will auch meinen Willen haben.

Graf. Aber bedenken Sie doch!

Fanil. Bedenken hin, bedenken her. Eine für mich. Die andere für Sie. Wird eine krank, so ist die andere zur Bedienung da. — Nicht wahr liebes Männchen? (sie schmeichelt ihm) Willst du?

Graf. Muß ich denn nicht? — Ich sehe schon, ich gehöre in den grossen Orden. Wer kann der Schmeicheley der Weiber widerstehen?

Quintetto.

Graf.
Wer schlägt Weibern etwas ab,
 Wenn sie zärtlich schmeicheln,
Man beugt den Kommandostab,
 Wenn sie sanft uns streicheln.

Regent.
Mit dem Fuße schon im Grab
 Wecket uns ihr Schmeicheln.
Keine Bitte schlägt man ab,
 Auch dann, wenn sie heucheln.

Fanille.
Nein, mein Graf schlägt mir nichts ab,
 Ich will ihm schon schmeicheln,
Und so oft er nach mir gab,
 Ihm die Wangen streicheln.

Lenchen.
Mädchen legt euch gleich ins Grab,
 Wißt ihr nicht zu schmeicheln,
Sonst führt euer Mann den Stab,
 Dann nützt gar kein Streicheln.

Lisette.
Reitze, die Natur nicht gab,
 Suchet zu erheucheln,
Wie die Katzen auf und ab
 Müßt ihr Männer streicheln.

Alle.
Lärmen, Toben, Zanken, streiten
 Schadet mehr und nützet nicht:
Weil dadurch zu allen Zeiten
 Nichts sich bieget, sondern bricht.

Sanftmuth kann in's Herz sich schleichen,
Man ist wider Willen schwach —
Alle Herzen müssen weichen,
Alles giebt der Sanftmuth nach.

(Fanille mit denen Mädchen ab. Der Graf und Regent begleiten sie bis zur Thüre. Der Regent geht links und der Graf bleibt.)

Graf. So sind wir Männer! Die kleinste Bitte eines Weibes sind wir unvermögend abzuschlagen, und wenn es unser Verderben wäre —

Kasp. (der den Kopf zur Thüre hereinsteckt) Ja, ja, das ist g'wiß und wahrhaftig.

Graf. Spitzbube! ich glaube gar, du hast mich behorcht?

Kasp. Freylich, sonst hört man ja nichts. — Aber Ihr Gnaden — Ha ha ha! Machen Sie sich nichts draus, wann sie ein Siemandel werden, es ist eine völlige Ehrenscharschi! —

Graf. Du bist ein Narr!

Kasp. Ah hat sich wohl — ich bin nur gar zu gescheidt — und wann ich reden därft — ich bin freylich nur ein Lakay, aber ich hab ein Herz, ein Leber und ein Peitschel, wie ein anderer. Essen, trinken, schlafen, und verliebt seyn muß ein jeder Mensch. Bey einem jeden brandelts. — Ich wüßt ein schönes Brandellied drauf, wann's Ihr Gnaden erlauben.

Graf. Nun, so sing Narr!

Kasp. Mir hat's ein Kutscher g'lernt, der Singerknab ist.

Aria.

Aria.

Die Lieb und das Brandeln ist einerley Sach',
Bald brandelt es stark, und bald brandelt es
 schwach.
Das ledige Solo geht alleweil schlecht,
Wann Herz der Adut ist, gehts justament recht,
Da brandelt man fleissig in Ernst und im Scherz,
Das bessere Brandel ist allweil in Herz.

2.

Herz= Cœur bleibt halt immer und ewig das Glück,
Da giebts wenig Schellen, und giebt wenig Pik.
Doch giebts einmal Handel, geht alles kaput,
Da wird oft das einzige Treff nur Adut.
Man spielt dann die Betteln zu Duzendweis fort,
Der Ehmann der paßt, und das Weib spielt ein'
 Mord. (ab)

Sechzehnter Auftritt.

Graf allein.

Der Kerl hat Recht! — Wer liebt, ist schwach, vielleicht mildert sich meine Liebe, wenn ich die Freuden des Ehestandes lange genug genossen habe.] — Es ist das allgemeine Schicksal: Spiel und Liebe sind Passionen, sie nehmen ab, wie sie steigen.

Aria.

Eines liebenden Gefühle,
Gleichen nur des Sommers Schwüle:

Man weiß nicht, wo aus noch ein,
Vor der Sonne starkem Schein.
Endlich kommt der Ehstandssegen,
Bald dann Donner Blitz und Sturm,
Dann liegt nach dem kühlen Regen
Auf dem Blatt' ein kleiner Wurm.
Bald folgt auf die grosse Schwüle
Eine Labungsvolle Kühle —
Man wird ruhig, und schläft ein —
Das wird auch mein Schicksal seyn. (ab)

Siebenzehnter Auftritt.

Fanille kommt aus dem Kabinettte mit dem Friseur.

Fanil. Mein lieber Monsieur Henri, er muß mir verhülflich seyn. Kann er recht lügen?

Fris. Als ob es gedruckt wäre.

Fanil. Nun dann, so steh er mir in einer unschuldigen List bey. Ich will meinen Bräutigam die Hölle ein wenig heiß machen.

Friseur. Noch vor der Heyrath?

Fanil. Vergeß er nicht, mit wem er spricht. (Der Friseur macht einen Sprung zurück.)

Friseure Mille Pardon! Die schönsten Fräulein machen mich zu ihrem Vertrauten. Sonst vertreten die Kammerjungfern unsere Stelle, aber jetzt haben wir die hohe Gnade die Charges d'affaires zu seyn.

Fanil.

Fanil. Er versteht mich nicht. Es ist kein Rendesvous, was er mir ausführen helfen soll. Es betrifft einen Todschlag. —

Fris Ah — (zurückprallend) Pardon! — Leichtsinnige Stückchen machen wohl die Haarkrauser zuweilen, aber davor bewahr uns der Haarpuderweisse Himmel! — Wir sind lustig, aber nicht boshaft.

Fanil. Er ist ein braver Kerl! — Komm er, ich will sein Gewissen beruhigen. — Getraut er sich mich umzubringen?

Fris. Nicht um hundert Dukaten.

Fanil. Wenn ich ihm aber 200 gebe?

Fris. Was für einen Todtschlag befehlen Ihro gräflichen Gnaden?

Fanil. Komm er hernach nur, es soll sein Schade nicht seyn.

Fris. Ins Himmels Nahmen — ich weiß, sie belieben mit ihrem Diener' zu badinaschiren.— Ich gehorche. (beyde auf verschiedenen Seiten ab)

Achtzehnter Auftritt.

(Saal)

Poete Haspel memorirt die Rolle.

Poet. Wie stehts? Kann er seine Rolle?

Hasp. Nur Geduld, so eine Bravour-Arie laßt sich nicht über die Finger abbrechen.

Poet. Wissen Sie, wen sie vorstellen?

Hasp.

Hasp. Ich weiß schon, ich komm als Haspel von Linz, und mach eine kleine Reisebeschreibung.

Poet. Nun so probiren Sie es. Ich mache indessen das Publikum.

Hasp. Meinetwegen, so krieg ich nach und nach Kuraschi. (Er geht ab, kommt durch die Mittel- oder Seitenthüre wieder.)

Aria.

Von Linz her ist ein nasser Weg,
    Das glaubts mir mit Verlaub,
Das Schiff, das geht bald grad, bald schreg *)
    Und macht ein starken Staub.
Die Strudel hab ich auch passirt,
Der Wirbel hat mich recht sekkirt,"
Da hab ich öfters g'schrien. „Hohlaus!"
Sonst wär ich tauft wor'n wie ein Maus.

——

Es war schon Nacht, da länd ich an,
    Und such ein Wirthshaus mir;
Da geh ich gleich zum schwarzen Hahn,
    Als fremder Passagier.
Wer seyn Sie? „hat der Kellner g'fragt,
Ich bin der Haspel." hab ich g'sagt:
Da hat er unters G'sicht mir g'lacht
Und vor der Nasen d'Thür zug'macht.

——

Ich zieh den Beutel gleich hervor,
    Und schepper' **), was ich kann. Da

---
*) Schreg soviel als schlef.
**) Scheppern soviel als klirren. Einige Provinzialismen, die so wie manche Abkürzungen absichtlich so und nicht anders geschrieben sind. A. d. V.

Da macht er wieder auf das Thor,
Fangt per Ihr Gnaden an
Da hab ich g'sehn, was 's Geld nicht macht,
Daß niemand über d'Haspeln lacht:
Der Mensch ist gar nichts ohne Münz,
In Wien so gut als wie in Linz. (Er geht ab)

Poet. Bravo! Kommen Sie nur wieder. (führt ihn herein) Sie machen es recht gut. Fahren Sie so fort, mein Sohn, und Ruhm und Beyfall ist ihr Lohn. Ich will indessen weiter schreiben. (ab)

Haspel. (allein) Es wird schon gehen. Nach und nach bekomm' ich schon Kurasche. —

Neunzehnter Auftritt.

Haspel. Lenchen.

Lench. Ach lieber Herr Haspel, ich weiß mir mit meiner Rolle nicht zu helfen, helf er mir's doch einstudiren.

Hasp. Ja liebe Jungfer Lenerl, mir gehts selber so. — Aber, weiß die Jungfer was, wir können ja derweil eine andere Rolle studiren? Ich — (dummlachend) hab die Jungfer so gern, so gern. Mein leiblichen Vater könnt' ich nicht lieber haben.

Lench. Und ich habe sie bloß so lieb, weil sie meinen verstorbenen Bruder so gleich sehen.

Hasp. Ich? — Das muß ein hübscher Mensch g'wesen seyn?

Lench. Ja? aber er ist leider im Narrenthurm gestorben.

Hasp,

Hasp. Wanns mir nur nicht auch so geht, ich studir allzuviel. — Jungfer Lenerl — wie wär's, wann wir unser Duett miteinander probirten? Wir dürfen nur die Nahmen ändern, und es paßt akkurat auf uns.

Lench. Meinetwegen.

Hasp. Wir können einander da was Liebes sagen, und es merkt kein Mensch nichts, als wir zwey selber. Es geht justament so, wie das Ba de beir aus dem hübschen Balletel.

Lench. Ja — ich hab's auch gesehen.

Hasp. Also Kuraschi! — Wir seyn ja allein. Sie stellt sich daher, und ich daher — Wir seynd bös aufeinander — und werden wieder gut, und tanzten nachher miteinander ab, kann d'Jungfer tanzen?

Lench. Ich machs halt so gut ich kann. — Kurasch.

Duett.

Haspel.

Gieb o Lenerl, gieb ein Küßchen mir
Dein Haspel bittet dich.

Lenchen.

Nein kein Küßchen geb ich Haspel dir
Geh, Falscher, lasse mich.

Haspel.

Bist du so, so bin ich so,
Geh nur, geh, ich bin recht froh,
Nie komme ich wieder her.

Lench.

Lenchen.
Geh nur geh, ich bin recht froh,
Bist du so? Auch ich bin so
Es giebt der Haspeln mehr.
Hasp.
Bleib doch hier!
Lench.
Komm du zu mir!
Hasp.
Komm doch her!
Lench.
Nimmermehr!
Hasp.
Ich bin fromm —
Lench.
Nun so komm! So komm!
Hasp.
Schau o Lenerl, ich bin gänzlich zahm,
Komm laß uns einig seyn;
Lench.
Sey nur, Haspel, freundlich wie ein Lamm,
Dann ist die Lenerl dein.
Hasp.
Lenerl! Lenerl! Liebe Lenerl!
Schöne, gute, süsse Lenerl,
Gieb mir doch nur deine Hand!
Lench.
Haspel, Haspel, lieber Haspel!
Da hast du die Hand mein Haspel,
Als mein treues Unterpfand.

Beyde.

Beyde.

Gieb o Lenerl/Kasperl gieb dein Handel mit
Verſöhnet ſind wir ganz;
Komm nun Kasperl/Lenerl denn bald feyern wir
Den frohen Jubeltanz.   (Tanzend ab.)

Zwanzigſter Auftritt.

Regent und Kaſpar von der andern Seite.

Kaſp. Ihr Gnaden Herr Regent, der Friſeur von der Fräula Braut kommt gerennt, als ob er närriſch wäre.

Ein und zwanzigſter Auftritt.

Vorige. Friſeur eilends.

Friſ. Ach! Wo iſt der Herr Regent?
Kaſp. Hier!
Friſ. Ihr Götter, wo iſt der Herr Regent? (lauft herum.)
Kaſp. Hat er denn keine Augen, da ſteht er ja? —
Friſ. Was gehts mich an, wenn er da ſteht, ich will wiſſen, wo er iſt? Ich hab zu viel geſehn, ich hab zu viel gehört.
Kaſp. Ich glaub, er hat zuviel geſoffen.
Reg. Was ſoll es? Da bin ich!
Friſ. Seyn ihr Gnaden endlich da — wo ſeynd ihr Gnaden? —
Reg. Was iſt dann geſchehen?

Friſ.

Frif. Sagens ihr Gnaden statt meiner.

Kasp. So werden wirs vor vierzehn Tagen nicht innen. — Brennts vielleicht?

Frif. O das wär gut, wenn die ganze Gasse in Flammen stund.

Kasp. O du verfluchter Kerl!

Frif. Die Fräulein Braut — ist todt.

Reg. Todt? —

Kasp. Ist's aber wahr?

Frif. Wie wär es möglich, daß ein Friseur lügen könnt? Ja, sie ist wirklich zum erstenmal gestorben. Ihr Gnaden kurz zu melden, ich will ihr just die Pomeranzenfraus machen, traplir ihr die Haar — auf der Seite seyn Pantofel gestanden, der Joli hat just ein Fleisch gefressen — beym Haus sitzt ein Milchweib — gegenüber habens Holz kriegt. — Die Mamsell niest, ich sag, „Helf Gott,, — Da schlagt die Uhr ein Stückl, ich greif in den Sack, nimm die Dose, schlag auf den Deckel, und schnupf Taback.—

Kasp. Den hätt' ich schon längst mit Füssen getreten. —

Frif. Auf einmal wird ihr übel, sie fallt auf mich, ich laß sie aus, und sie macht einen Schlag auf die Erden. — Sie muß vorher schon todt gewesen seyn — ich fall auch neben sie hin, fühle ihr den Puls, der Puls sagt kein Wort. Ich geh her, gieb ihr ein paar Löffel Pomade ein, sie wird kalt wie eine gefrorne Weichsel — endlich nehm ich das heisse Toupée-Eisen, fahr ihr dreymal übern Schlaf, sie bleibt aber maustodt.

F Kasp.

Kasp. Die Krankheit muß schon in ihr loschirt haben — sie hat sich erst gemeidert. Wann man ihrs morgen gesagt hätt, daß sie heut sterben muß, sie hätt' einen ausgelacht.

Frıs. Ich lauf fort, da steht die Kammerjungfer in der Thür, ich nehm mir einen Rand, und laufe über sie hinüber, und da bin ich nun leider!

Kasp. O jegerl, die Lenerl! —

Reg. Lasset uns nur die Sache noch ein wenig vertuschen, damit die Nachricht den Grafen nicht erschrecke.

Kasp. Sonst könnt' ihn der Verschlag treffen.

Finale.

Reg. Frıs.

Sie ist nicht mehr! Sie ist nicht mehr
    Ihr Leben ist verschwunden,
Sie ist nicht mehr, { ach / ich } der Fristur
Der hat sie todt? }
Ich hab' sie todt } gefunden.
Nun ist sie todt die gute Braut,
Ach weint und jammert alle laut.

Kasp.

Sie ist nicht mehr, sie ist nicht mehr,
  Das hätt' sie sollen wissen.
Die Fräula hat, sagt der Friseur,
  Zu fruh ins Gras gebissen,

Nun

Nun ist sie todt die gute Haut
Wo kriegt der Graf ein andre Braut?
   Leuch. Liset. (kommt)
Ach Jammer, Elend, Angst, und Noth,
 Was hab ich müssen hören!
Daß Fräulein Braut ist plötzlich todt
 Wer kann den Thränen wehren?
Nun ist sie todt die gute Braut,
Zwey Kammerjungfern weinen laut.
   Poet. (kommt)
Ach Gott Apollo, sie ist hin!
 Sie wollt als Braut sich hutschen,
Da kam der Tod, der Flegel kühn,
 Und ließ sie Brettel rutschen.
Ja, ja der Tod mit seinem Pfeil,
Sitzt unterm Thor, hat Schwefel feil.
   Schneider. (kommt mit Mustern)
Da hab ich die Muster zum freudigen Tag,
Ists wahr, was ich höre, so trift mich der Schlag!
Die Fräula ist g'storben, itzt ists gute Nacht —
So hab ich umsonst meinen Conto gemacht.
   Alle.
Ja wohl gute Nacht!
   Haspel. (kommt)
Ich armer, armer Sekretär!
Itzt brauchen sie kein Haspel mehr.
Heut ist der Mensch g'sund und wohlauf,
Und morgen steht er todter auf.
   Graf. (kommt)
Ha! Wissen sie's schon, vielgeliebter Regent!
Ja, sie ist dahin, die ich Braut schon genennt

Ja — ja — ich komme lieber Schatz! —
(zu Haspel)
Fort auseinander, macht mir Platz! —
(geht auf sie los)
Regent.
Kennen mich Ihr Gnaden nicht?
Graf.
Ja — du schwarzer Bösewicht! —
Wie? — So ist es wirklich wahr,
So ist mein Regent ein Narr? (lacht)
Kaspar. Haspel.
Umgekehrt, hernach ist's wahr.

Graf. (Kaspar anstarrend)
Geliebtes Weibchen, dir folg ich nach!
Ach! ich werde matt und schwach.
(Man bringt ihn auf den Sessel)
Alle.
Herr Graf! Herr Graf! Was ist geschehn?
Haspel. Kaspar.
Itzt glaub ich, wird er sterben gehn?
Graf. (springt auf)
Geht, spielt einen Deutschen und Walzer mir auf,
Da tanz ich und tob ich recht landlerisch drauf.
(plötzlich wird er schwindlicht)
Welch ein Schwindel! — Ich vergehe!
Weil ich alles doppelt sehe —
Ja — schon — zuckt — der — Tod — in mir —
Holde — Braut — ich fol — ge — dir!
(Er fällt hin)
Alle.

Alle.

Itzt ist er hin der arme Herr!
Er giebt schon gar kein Zeichen mehr.

Regent.

Ach! welch ein unglücksel'ger Tag! —
Mein Graf ist todt — Mich trift der Schlag.

(fällt hin)

Alle.

O weh! Der arme Hausregent!
Er macht sein letztes Testament.

Friseur.

Itzt stirbt er schon, er wird Hundskalt. —
Wer da nicht in die Ohnmacht fallt,
Der hat im Leib kein Quintel Ehr
Adje! — Zu ihm leg ich mich her.

(zu des Grafen Füssen)

Poet.

Spectaculum! spectaculum!
Auch mir gehts schon im Kopf herum.
Zu Ende geht mein Lebenslauf!
O ihr 12 Musen, nehmt mich auf. (stirbt)

Alle.

Ach, du vortrefliches Genie!

Haspel. Kaspar.

Gestorben ist die Poesie.

Schneider.

Ach! wann ich nur kein Schneider wär'
Wo nimm ich die Couragi her?
Expressi ja — Welt b'hüt dich Gott! —
Ein Zuckerl noch — Itzt bin ich todt. (stirbt)

Alle.

Alle.
Der Tod erkennet kein Gesetz.
Todt ist der Schneider Wetz und Wetz.
Lenchen. Lisette.
Das Fräulein ist dahin, und war so jung und roth!
Zwey Jungfern legen sich mit ihr zugleich in Tod.
(sterben)

Haspel.
Ich armer, armer Sekretär!
Kaspar.
Die lacht, als obs lebendig wär;
   Friseur. (reicht dem Grafen Taback)
Plait il Monsieur!
Graf.
Bienobligé. (nimmt, niest, und legt sich
wieder in den Tod)

   Kaspar. (zum Haspel)
Zur G'sundheit!
Haspel.
Ebenfalls!
Wer bricht denn uns den Hals?

Beyde.
Komm Brüderl zu dem Todtentanz,
  Wir sterben miteinander.
Denn mich verdrüßt das Leben ganz,
  Komm Bruder Alexander!
Wirf alles von dem Ranzen,
Und laß zu todt uns tanzen.
(Nach dem Pas de deux sterben sie. — Pause)

Hasp.

Haspel. (richtet den Kopf in die Höhe)
Ists noch nicht bald zum Essen Zeit?
Kaspar. (eben so)
Ich bin schon in der Ewigkeit.
Fanille. (tritt ein)
Was ist das? — Ha! welche Gruppen!
Todt sind alle diese Truppen? —
Alle, alle todt für mich? —
(Sie tritt vor, und berührt den Grafen)
Blick auf!
Graf.
Du lebst?
Fanille.
Für dich!
Graf.
Für mich! (Umarmung)
Alle. (recken langsam die Hälse in die Höhe)
Was ist das? — Ha! welch ein Staunen?
Hör ich wirklich die Posaunen?
Leb ich? — Sterb ich? — Es ist klar? —
Daß ich in der Ohnmacht war.
Fanille.
Seyd lustig und munter, durchtanzet die Nacht,
Mit Heinrich war alles gar fein abgemacht.
(auf den Friseur)
Ich habe die Liebe des Grafen probirt
Und bin seiner Treue nun ganz überführt.
Alle.
Drum wacker gezechet und laut jubilirt!
Gehüpft und gesprungen, und drauf musicirt!

Po.

Polonaise.

Haspel. Kaspar.

Die ganze Kompagnie erwacht,
  Doch legt sie sich gleich wieder,
Wenn dieser Tag kein Glück gemacht,
  Auch augenblicklich nieder.
Wir suchen euch nur allen,
Recht herzlich zu gefallen.

Alle.

Nun herrscht die Freude wieder hier,
  Die Ruh ist uns beschieden;
Auch Euch, ihr Gönner wünschen wir,
  Gesundheit, Glück, und Frieden.

Allgemeiner Tanz und Jubel.

Ende.